九世祖先給諫公遺集

十八世孫進琨謹識

民國十有一年歲在壬戌仲秋月

十九世孫秉鏐鍾銓合抄

素堂遺稿

桐城光時亨含萬父著

疏

議南都官員疏

為留都根本至重銓樞關係非輕懇乞嚴加責成遴選以凛預防以安要地事臣惟祖宗定鼎以來兩京并建良以龍飛鳳泗收王氣于金陵塵掃胡元肇帝圖于燕薊以故兩京之官制無不胥同兩京之守禦無不并重乃以車書會于北而陪京之備遂漸疎今茲流移萃于南而豐鎬之防實愈急茍蒙皇上聖明

則與聞機密出則并籌戰守豈乏端清宿望之賢者

克勝任而必于福臻求之臣顧用人者再于名節封

疆一細籌之也伏乞皇上賜察天啓七年三月内梁

夢環等御前建祠紅本則福臻之陋狀不待臣言罪

案亦不待臣言矣

崇禎十五年十月　日具題十一月二十七日奉

聖旨張福臻已有旨了光時亨不得苛議

中 華 書 局

地址：北京~~東總布胡同十號~~
電話：~~5.6891~~　電報掛號：6586

(63)編字第 2729 号

北京大学历史系資料室：

你們交来的光时亨"素堂遺稿"已讀过。由于我們目前以校点出版二十四史为主要任务，对其他书稿一时难于兼顾太多，所以有关明人文集、奏稿的整理出版，还没有全盘规划。如果先把光时亨的集子印出来，而且只出此一部，恐不一定合适。我們一度打算节录其中关于农民起义的資料，收入"明末农民起义資料汇輯"，但后来又感到这方面的資料不多，节录有些困难。因此拟先将原稿璧还，請你們保存。将来有出版可能时，再作具体联系。以上的意見已和郑天挺先生商量过，一併奉聞。此致

敬禮

附件：稿本五册

中华书局 古代史组

1963.12.20.

北京大學歷史系藏稀見史料叢刊之一

素堂遺集

（明）光時亨 著

辛德勇 整理

九州出版社

圖書在版編目（CIP）數據

素堂遺集 /（明）光時亨著；辛德勇整理. --
北京：九州出版社，2022.12
ISBN 978-7-5225-1539-7

Ⅰ. ①素… Ⅱ. ①光… ②辛… Ⅲ. ①光時亨-
文集Ⅳ. ①Z424.8

中國版本圖書館 CIP 數據核字（2022）第 227109 號

素堂遺集

作　　者	（明）光時亨 著　辛德勇 整理
責任編輯	李黎明
出版發行	九州出版社
地　　址	北京市西城區阜外大街甲 35 號
郵　　編	100037
發行電話	（010）68992190/3/5/6
網　　址	www.jiuzhoupress.com
印　　刷	鑫藝佳利（天津）印刷有限公司
開　　本	787 毫米 ×1092 毫米　16 開
印　　張	37
字　　數	200 千字
版　　次	2023 年 9 月第 1 版
印　　次	2023 年 9 月第 1 次印刷
書　　號	ISBN 978-7-5225-1539-7
定　　價	498.00 圓

出版说明

《素堂遺集》為明末光時亨遺稿，現藏北京大學歷史系資料室，係民國年間抄本，共五冊。九州出版社將該書全文影印出版，以供研究者參考。本次出版照原稿尺寸影印，原稿為朱絲欄墨筆抄寫，影印本採用黑白印刷，正文前附彩頁供一覽原貌。原稿貼有少量籤條，其文字應為整理抄寫者的校訂說明，本社已將文字過錄到天頭相應位置。出版洵非易事，遺憾在所難免，敬請讀者諒解。

九州出版社

二〇二三年八月

目錄

啟

策

條議

詩

疏

附録

獄中遺稿

文

論

檄

記

序

詩

疏

揭

説

代序一：題光時亨《素堂遺集》

辛德勇

這部《素堂遺集》是明末名臣光時亨的詩文集，線裝五冊，民國十一年秋毛筆紅格寫本。書藏北京大學歷史系，當屬天下孤本。

光時亨是安徽桐城人，初字羽聖，後別號含萬，崇禎七年進士。崇禎十五年，光時亨以考選賜對，受到皇帝賞識，被授予刑科給事中一職，直至明亡。

光氏爲官剛正不阿，恪盡職守，可謂一心爲公。這樣，就不可避免地會得罪很多人。在被他糾彈的官員當中，有兩位很關鍵的人物，一個是阮大鋮，另一個是馬士英。

崇禎十七年二月，面對大順軍進逼京師的危急形勢，朝中大臣，多主張遷都南京；至少請太子監國於南都，以防萬一。崇禎皇帝明明知道這是眼前唯一的出路，可卻礙於硬撑著裝出來的『定力』，不便說跑路就跑路，還得在臣子面前做足臨危不懼的樣子。史稱崇禎『將俟舉朝固請而後行』（徐鼒《小典紀年附考》卷三），可就在這個當口兒，光時亨傻乎乎地站了出來，義正詞嚴地力阻南遷。

結果，大明亡了，末代皇帝朱由檢北出皇宮，堅定勇敢地走向煤山，在那棵歪脖兒樹上自裁而亡。活著，雖然禍害天下蒼生，還弄亡了朱氏國家社稷，可到了兒，這死法，畢竟沒給列祖列宗太丟臉，也給亡國之君做了個正宗的標本。

在告別這片大好江山之前不久，崇禎皇帝講出了『朕非亡國之君，諸臣盡爲亡國之臣』那兩句萬古名言。他講出這奇葩金句的場景，是光時亨剛剛再一次嚴厲批駁了撫軍江南的動議，這自然也就斷絕了崇禎帝最後的念想，因而光氏其人，自然就是皇帝心目中那個頭號的『亡國之臣』了。站在朱由檢的立場上，你要說大明政權就亡在這位光時亨先生的手裏，恐怕也不爲過。

光時亨正義而又正當的追求當然十分真誠，明亡後計六奇撰《明季北略》，謂時亨『乃欲借孤注以邀名，而非所以忠君也』（計六奇撰《明季北略》卷二〇『附記南遷得失』條），所說未免誅心過甚。可正義的主張好講，正義的行爲有時還要經受生死的考驗。在這生死考驗面前，過得去還是過不去，若非事到臨頭，有時還真不好說。

三月十七日，李自成大順軍攻入北京城。當時，正在以科道官身份巡視平則門（今阜成門）守禦的光時亨，面對真刀真槍的威脅，立馬腳就軟了，當即下跪求饒。李自成讓他以原官服務於大順，還親自召見，儼乎其儼地鼓勵了他一番。

不過貪生怕死是一回事兒，給陝北驛卒李自成做『賊官』是另一回事兒，俗話管這叫『認賊作父』；

特別是老婆孩子還都在桐城老家，若是受到此等壞名聲的影響，後果顯然是很嚴重的。

於是，光時亨經過一番周折，伺機出逃，乘船經京杭大運河南行。就在他南逃的途中，弘光小朝廷在南京正式掛牌開張了。儘管弘光帝在『就職演說』中講，對那些一時膽小軟弱、陷賊做官的明朝舊臣，祇要能夠『反邪歸正』，就會寬大爲懷，給你個前程。不過稍習中國古代君主政治操作手法的人都知道，這祇是一般的政策，是爲籠絡人才和人心所抛出的誘餌，若具體落實到每個人身上，這項政策怎麼施行，就得看你的造化和緣分了。

光時亨對弘光帝這種套話信以爲真，可又沒那麼好的運氣。船至宿遷，他就被馬士英、阮大鋮派來的人逮捕了。然後，是押赴南京刑部受審；再往後，就以『從賊』的罪名被處決了。儘管光時亨的朋友和同鄉，以不同的形式爲他辯白，如清初大名人戴名世就寫有專文，但比較專門、也比較正式一些的史籍，譬如談遷的《國榷》、計六奇的《明季北略》等，都還是把光時亨記作叛明『降賊』的代表人物。

朱由檢作死之後，天下局勢相當混亂。當時南北阻隔，北京城裏傳到江南的訊息，真假攙混，還間雜有一些人爲製造的謠言，某些人的生死貞汙，往往也難分辨。而南明弘光小朝廷立足未穩，係由馬士英、阮大鋮這兩個奸人當政，朝中黨派爭鬬則依舊激烈進行。光時亨是東林黨的幹將，馬士英、阮大鋮輩則專與東林清流人士作對，況且光氏還是馬、阮兩人直接的『仇家』，因而這位光先生是不是被誣陷害，就是很多關心這一段史事的人自然會想到的問題。

這部《素堂遺集》，最引人關注的內容，就是光時亨本人關於此案的說法。此書在每冊首頁相當於內封面的位置上，俱大字題寫『九世祖先給諫公遺集』，其下小字注曰『十八世孫進琨謹識』，還鈐有『光進琨』朱文印章，並另附識語雲『民國十有一年歲在壬戌仲秋月，十九世孫秉鏐/秉鍾/秉銓合抄』。

裔孫三人合力鈔寫先祖這份書稿，就告訴我們其書似原無刊本。因爲若有刻本行世，通常是不會這麼費力重鈔的。若想擴大影響，再刻新印，可以化身千百，比費勁扒力地衹鈔一冊強多了，也便利多了。今檢書中偶有浮籤，記某字『原本』作某，或做是非正誤判斷，因知乃據所謂『原本』謄鈔。檢讀光時亨文稿凡以『虜』等稱謂滿人之處，均以空缺形式隱去，因知所據『原本』當寫錄於清朝。

又書中夾有一頁中華書局古代史組寫給北京大學歷史系資料室的信函，不僅一本正經地鈐蓋關防，還是打字機列印，相當正式。此信全文如下：

北京大學歷史系資料室：

你們交來的光時亨『素堂遺稿』已讀過。由於我們目前以校點出版二十四史爲主要任務，對其他書稿一時難於兼顧太多，所以有關明人文集、奏稿的整理出版，還沒有全盤規劃。如果先把光時亨的集子印出來，而且衹出此一部，恐不一定合適。我們一度打算節錄其中關於農民起義的資料，收入『明末農民起義資料匯輯』，但後來又感到這方面的資料不多，節錄有些困難。因此擬先將原稿璧還，請你們保存。將來有出版可能時，再作具體聯繫。以上的意見已和鄭天挺先生商量過，一併奉聞。此致

敬禮

中華書局古代史組（印章）　1963.12.20

附件：稿本五冊

中華書局雖然沒有安排整理出版此書，但通過北大歷史系當年擬議出版此書的做法，還有中華書局同明清史權威學者鄭天挺先生協商的情況，都表明當時此書在世間別無他本，光氏裔孫鈔錄此本時所依據的『原本』自已無從尋覓。

這部著述，在全書五冊之中，有兩冊，於書衣上貼有『卷二』或『卷三』籤條。另一冊籤條書『卷四，共四冊』，但已脫落，現夾在書衣之後。但該冊內容爲光氏傳記等資料，如方士亮（光時亨友人）《訟冤疏》、左光先（左光鬥弟）《野史辯誣》、金聲（南明隆武朝右都禦史兼兵部右侍郎）《神龜異豕傳》、胡忠允《清忠傳》、姚康《光給諫公傳》、戴名世《書光給諫軼事》、吳日躋《光給諫含萬先生傳》等，內容明顯屬於附錄性質。

又一冊卷首有目錄，卷端題『獄中遺稿』，下署『弋民光時亨含萬著』，『男廷瑞/廷瑛/廷球/廷琳泣編』，而全書及其餘各冊俱無目錄。相互比較可知，前此所說『共四冊』云云籤條所說『四冊』，

應不包括本冊在內，本冊應編在整部集子的最後。這樣，剩下的那一冊就應該是全書首冊，而這第一冊首頁卷端題寫的書名爲『素堂遺集』。另外，在這一冊書的書衣上，有鋼筆所題『光時亨素堂遺稿』字樣。又該書每冊書衣上均鈐有藍色『國立清華大學歷史學系』橢圓印章，知當入藏清華大學歷史系。在這冊題有『光時亨素堂遺稿』字樣的書衣上，有鋼筆書寫的『33390』編號，可以看出清華大學歷史系資料室當時就是將該冊列爲全書首冊。根據這些情況，可以推測這一冊原來應貼有『卷一』籤條，因該冊位於全書之首，在取放過程中損毀。

按照以上分析，可知此《素堂遺集》全書分爲主文四卷（四冊），另附《獄中遺稿》一卷（一冊）。在主文四卷中，前已述及，卷四（第四冊）屬於附錄性質，編錄他人所作光氏傳記等內容，前三卷則是光時亨本人的詩文。

卷一首頁卷端題『素堂遺集』、『桐城光時亨含萬父著』，卷二題『素堂遺稿』、『桐城光時亨含萬父著』，卷三、卷四首頁都沒有題寫書名。又卷二、卷三的內容俱屬奏疏，總題有『疏』字；卷一各項內容分題『啓』、『策』、『條議』、『詩』。卷一各項內容，除了末項之『詩』而外，俱分題『素堂遺集』、『桐城光時亨含萬父著』，『詩』這一部分則題作『素堂遺稿』、『桐城光時亨含萬父著』。

上述這種書名的題寫形式表明，光氏此集全書尚未最後編定，故書名前後不一，題寫的位置也頗欠妥帖，而由這一情況也可以推定光氏此集此前別無他本，這是首次纂輯成書。考慮到首卷卷端和書中大多數地方的題名都是『素堂遺集』，前述相當於『内封面』的地方題寫的也是『遺集』，所以我認爲還是把這部集子定名爲『素堂遺集』較爲妥當。至於《獄中遺稿》，應當獨立附著於四卷本《素堂遺集》之末。

《獄中遺稿》署明係由乃子光廷瑞等編輯。除此之外的四卷《素堂遺集》書稿，前三卷應屬光時亨生前自己分類彙編，而第四卷的内容，由於都是他人在光時亨身後爲他撰寫的傳記等，祇能是由光廷瑞等光氏後人編錄。

四卷《素堂遺集》中卷一『啓』、『策』兩部分或爲應酬文字，或屬科舉習作，沒有太大史料價值；又其『詩』作平平，殊無足觀，還沒有什麽重要紀事内容，所以也價值不大；僅『條議』部分屬政務文書，史料價值較高。其卷三、卷四兩卷，俱屬光氏出任刑科給事中以後的奏疏，涉及司法、兵事等重要朝政，史料價值頗高。光時亨自言其『幸列掖垣，竊不自菲薄，每於國家大利害，廷議大是非，宫府大典禮，以及兵農之布置，行賞之得失，靡不竭誠入告』（《素堂遺集》之《獄中遺稿·北歸自討檄》）。這兩卷的疏稿，就是此語的具體體現。

《素堂遺集》卷四附錄的光氏傳記等與《獄中遺稿》的内容相互結合，可以爲我們瞭解光時亨降附李自成及遭南明弘光政權懲處之事的真相提供極爲重要的獨家史料。

《獄中遺稿》之所謂『獄中』，即謂光時亨被弘光政權逮入刑部監獄關押，受審待決之中。在這期間留下的文稿，對我們瞭解光案價值最大的有兩篇：一篇題作《辨疏》，另一篇爲《懺言十五首》。

前者顧名思義即可知是在爲自己『降賊』一事辯白；後者是由十五首構成的一篇『組詩』，其史料價值在每一首詩的詩序，講述自己在李自成大順軍進入北京城前後的經歷。按照光時亨的說法，他不僅未嘗降附於李自成，在大順朝裏出任『僞官』，還先後三次，分別以跳城牆、上吊和投禦河的形式，試圖自殺殉國。遺憾的是，怎麼死都沒死成（這當然很不可思議）。這些自白到底有多大程度可信，是讀者自行判斷的事。

人們讀到這些內容，一定有信有疑，各有各的看法。至於我的看法，會另行撰文述說。不過有一點，衹要受過史學研究入門訓練的人都應該承認——看過這些內容之後便很容易明白，世間比較流行的光氏傳記資料，如《戴名世集》卷七《書光給諫軼事》、馬其昶《桐城耆舊傳》卷五《光給事傳》等，其對光案的敘述，都是本自光氏的自述，基本沒有任何旁證。不僅如此，戴名世在爲光時亨『洗白』的時候，還恣意遊筆，把光時亨所說跳城牆時折斷的左臂，寫成了『左股』；還有，光時亨明明說他投河自盡時身邊沒有僕人跟隨，是被兩名路人搭救，戴名世卻大剌剌地講康熙丁卯年他在京城中居然見到了光時亨當年的僕人，宣稱就是這位僕人把光時亨從禦河裏撈出來的。雖然戴名世信誓旦旦地講『此亦可證野史之汙』，可他這種話別人能信麼？反正我是不信。對了，附帶交待一句：戴名世和馬其昶都是光時亨的桐城小老鄉。

二〇二二年七月十七日零時記

二〇二二年七月十八日上午改定

代序二：歷史還得自己人寫？——讀光時亨《素堂遺集》

辛德勇

各位同學、各位老師、各位朋友：

大家好，很高興有機會和大家交流。本來是想親身去往合肥，到安徽大學和大家進行現場交流的，無奈爲疫情所困，衹好像現在這樣和大家見面。

因爲我『起家』的專業是歷史地理學，所以在和各地的學者做交流時，總想找些當地的話題來講。按理說，和我們安徽的朋友做交流，最好該講些當地的好事兒，無奈腹笥儉甚，想來想去，也想不到什麼合適的主題。搜索枯腸的結果，衹想到一個名聲似乎頗有些問題的人物。請大家千萬原諒，我能夠在這裏同大家談的，還恰恰就是他的名聲問題。

請大家千萬千萬理解，真的不是要和咱安徽人爲難過不去，就是實在沒什麼別的話可談。另外，他的名聲到底是好是壞，實際上是一個很不好說的問題，可以說以不同的眼光可以得出完全不同的認識；特別是我在這裏要向大家介紹一份舉世罕見的史料，大家看了這份史料，或許會堅定地認爲這位人物恰恰是我們安徽鄉邦的榮耀。由於沒有下過什麼系統的『功夫』，下面的話會講得很散漫，祇是和大家漫談一下我們安徽這位歷史人物和他的一部文集。

一、崇禎皇帝與明末時局

這個人的姓就有些不大尋常。他姓『光』，光輝的光，光亮的光，可身後的聲名卻弄得不光不亮有些烏禿禿的。有人說，大明的江山就喪失在他的嘴裏。犯下這麼大的罪過，當然他也被南明弘光小朝廷殺了。這位光先生是安徽桐城人，名叫『時亨』（初字羽聖，後別號含萬）。本來這也是個好名，大家想想『時亨運泰』『運至時亨』這些成語就能明白，老爸取這個名，本是希望他一輩子順風順水，好命好運罩着。

這名實在是美得很。這樣的美名，不僅光老爹喜歡，別家父母也會喜歡給孩子用。可就因爲這位先生，美名竟然變成了污名。光時亨是崇禎甲戌科、也就是崇禎七年那一年考上的進士。就在這下一榜、也就是三年之後崇禎十年的丁丑科，無錫的胡家，有個跟他同名的人也考中了進士。在光時亨出事兒被殺之後，因爲『恥與光逆同名』，這位胡時亨先生硬是不顧爹媽叫得慣還是叫不慣，自己給自己改名，叫『胡時忠』了（計六奇《明季南略》卷二『闖差新法』條）。

胡時亨既然已經毫不體恤父母的心情改叫了新名，本來怎麼改都行，可他別的不選，特別選了個『忠』字，是因爲光時亨出事兒，就出在這『忠』還是『不忠』上了。

我們大家都知道，崇禎皇帝朱由檢是大明王朝的亡國之君，可這雖然是歷史的事實，也是後世史學家公認的看法，卻不是朱由檢自己的認知。衆所周知，朱由檢面對即將崩塌的大明江山所講的『千古名句』是『朕非亡國之君，諸臣盡爲亡國之臣』，而在他目光所及的這輩『亡國之臣』中間，就有光時亨，並且還是面對面地站着，甚至崇禎皇帝還是接着光時亨的話茬講出的這句千古名言。特別提請大家注意的是，朱由檢這話，是講在崇禎十七年三月壬辰、也就是三月初四這一天（談遷《國榷》卷一〇〇崇禎十七年三月壬辰），半個月、也就是十五天後，他就在景山那棵歪脖樹上掛了。君沒了，國自然也就亡了。

那麼，光時亨當着崇禎皇帝的面兒講了哪些讓大明『亡國』的話呢？簡單地說，面對外憂內患，或者說是外虜內寇，大臣們早有遷都江南的算計。爲啥？大臣們都心知肚明，這艘破船根本頂不住風浪，能夠讓朱家王朝苟延殘喘的唯一辦法，就是躲。躲一天是一天，躲一步路是一步路。

那還是崇禎皇帝剛剛登基未久的事情。崇禎二年，東北我老家那疙瘩的女真人進犯大明北邊，京師告急，以至戒嚴待戰。朱由檢問計於身邊的大臣，如何拒虜卻敵，以保全江山社稷，孰知首輔韓爌獻上的計策竟然祇有『遷都』二字（王世德《崇禎遺錄》崇禎二年十月）。

遇到內禍外亂，把都城遷移到遠方以脫險免難，是中原王朝一貫的做法。東晉南宋都是做這活兒的好典範。國雖然保住了，卻也丟掉了半壁江山。這當然不是什麼好辦法，但不是個辦法的辦法也畢竟比束手無策坐以待斃強，哪怕是殘山剩水，也比舉國覆滅好過無數倍。況且一國疆域絕非自古以來既成不變，或大或小，本來就贏縮無常，就像我在這裏所要談論的這位主人公光時亨先生所說的那樣——『從古無千載不敗之疆域』也（光時亨《素堂遺集》之《獄中遺稿・虜寇本末記》），剩下多少算多少唄。

再說大明王朝和其他朝代有個很大的不同，就是它有兩座都城，除了朱由檢居處其中並朝見羣臣的北京城之外，還有一個南京。皇帝雖然不到南京城裏去住，可配置的衙署和大臣卻是全套的，跟北京基本一模一樣，即如光時亨所稱『兩京之官制無不胥同，兩京之守禦無不并重』（光時亨《素堂遺集》卷二《議南都官員疏》）。雖然除了南京國子監比北京國子監多印了不少好書之外，這套南京的班子猶如今日西洋人所謂『影子內閣』一般，大多數情況下衹是個有名無實的擺設，但可以起到一個蓄水池的作用，用來安置那些需要暫加冷處理的『冷官』。這裏冷是冷些，但級別、待遇不變，皇帝想要啓用誰，轉職北京，馬上就可以大用。正是因爲有這套現成的系統而又完備的基礎，韓爌所說的『遷都』，實際上就是讓崇禎皇帝改到南京去上班，也就是在南京城裏上朝理政。這本來就是大明王朝法定的國都，太祖高皇帝也是在這裏開國的，並且屍骨還葬在那裏，同東晉南宋之倉皇南奔在形式上具有本質性差異，可謂無傷大雅。

問題是朽敗至極的大明王朝已經經不起這般折騰。在韓爌提出遷都之議七年前的天啓二年，朝臣間就出現了相關的議論，但明白人知道：『此議一興，則都城頓摇矣，且南方氣弱難久。』即此議必令主上落難蒙塵（計六奇《明季北略》卷二〇『李明睿議南遷』條）。

另一方面，這位朱由檢雖身居末代帝位卻又偏偏是個很有抱負的理想主義者，從表面上看，似乎是一位『慨然有爲』的帝君，他在心理上也無法接受移都避禍這一理智的對策。同前面的元朝相比，明朝的疆土本來已經縮小了很多很多，再丟棄半壁江山，偈促於江南一隅，這在面子上實在不太好看。再説，還有永樂皇帝以下列祖列宗的陵墓呢，爲了自己的小命兒就丟棄地下的祖宗不管，這更讓世人臣子笑話了。因而在崇禎二年時他就把這遷都之計看作是一個很不好笑的笑話，不僅決不能依計遷都，反而還從心底裏看不起這幫傻讀《詩》《書》起家的文人士大夫（王世德《崇禎遺録》崇禎二年十月）。

在清朝官修《明史》的《莊烈帝紀》篇末，史臣對這位末代皇帝做有如下一段評價：

帝承神、熹之後，慨然有爲。即位之初，沈機獨斷，刈除奸逆，天下想望治平。惜乎大勢已傾，積習難挽。在廷則門戶糾紛，疆埸則將驕卒惰。兵荒四告，流寇蔓延。遂至潰爛而莫可救，可謂不幸也已。然在位十有七年，不邇聲色，憂勤惕勵，殫心治理。臨朝浩歎，慨然思得非常之材，而用匪其人，益以僨事。乃復信任宦官，布列要地，舉措失當，制置乖方。祚訖運移，身罹禍變，豈非氣數使然哉！（《明史》卷二四《壯烈帝紀》二）

所謂『大勢已傾，積習難挽』，亦即積惡成習，無以挽回。這固然指明了彼時天下大勢所趨，自非某位個人的作爲所能逆轉；就算你尊爲天子，畢竟還是上天之子，也沒有回天神力。清臣上述評價中沒有談到的是，末代皇帝朱由檢『慨然有爲』而『憂勤惕勵，殫心治理』，這祇是他這個人展現出來的人格和行爲的一個側面，剛愎自用且猜忌多疑，實際上又庸劣無能，才力不配其位，則是其人格、行爲以至素質的另一側面。正因爲如此，他纔會『信任宦官，布列要地，舉措失當，制置乖方』，以至『祚訖運移，身罹禍變』。崇禎皇帝聽不進去韓爌遷都的進言並且因此而輕視天下士大夫，其根本原因即在於此。

二、力阻遷都的光時亨

好，閒言少敘，讓我們回到崇禎十七年三月壬辰、也就是三月初四那一天。所謂月上柳稍頭，細彎彎的月牙，剛剛掛到天上還沒過兩天。這正是京城裏柳絮飄揚的季節。朦朧的月色，迷濛的飛絮，如果不是趕上危殆的政局，這日子口兒，還真有些詩情畫意。可是，就在這一天，『明司天監奏帝星下移，詔百官修省』（徐鼒《小腆紀年附考》卷三）。

什麼是帝星？帝星就是北極星，自古以來，它象徵着的祇是天帝，也就是上帝，地下與它相應的則祇能是天子，是皇帝。可崇禎皇帝不反躬自省，反而下詔讓『百官修省』，真是豈有此理！不過上天警示誰災禍就要由誰來承擔，想往別人那裏賴是賴不過去的。讓我們慢慢接着往下看好了。

明廷所面臨的嚴峻局面，在清官修『正史』——《明史》的《莊烈帝紀》裏，從這一年的正月起，有如下一連串的記載：

十七年春正月庚寅朔，大風霾，鳳陽地震。庚子，李建泰自請措餉治兵討賊，許之。乙卯，幸正陽門樓，餞李建泰出師。南京地震。……是月，張獻忠入四川。

二月辛酉，李自成陷汾州，別賊陷懷慶。丙寅，陷太原，執晉王求桂，巡撫都御史蔡懋德等死之。壬申，下詔罪己。癸酉，潞安陷。乙亥，議京師城守。李自成攻代州，總兵官周遇吉力戰，食盡，退守寧武關。丁丑，賊別將陷固關，犯畿南。己卯，遣內臣高起潛、杜勳等十人監視諸邊及近畿要害。壬午，真定知府丘茂華殺總督侍郎徐標，檄所屬降賊。甲申，賊至彰德，趙王常淏降。丁亥，詔天下勤王。命廷臣上戰守事宜。左都御史李邦華、右庶子李明睿請南遷及太子撫軍江南，皆不許。戊子，……李自成陷寧武，周遇吉力戰死之。

三月庚寅，賊至大同，總兵官姜瓖降賊，代王傳㸄遇害。巡撫都御史衛景瑗被執，自縊死。辛卯，李建泰疏請南遷。壬辰，召廷臣於平臺，示建泰疏，曰：『國君死社稷，朕將焉往？』李邦華等復請太子撫軍南京，不聽。（《明史》卷二四《莊烈帝紀》二）

南方的張獻忠亂軍姑且不談，北方的李闖王一路過關斬將，兵鋒已經直指帝都北京，所以廷臣不得不連續三番請求遷都南京，或是令太子督師南下，以防不測。可崇禎皇帝就是不許。

實際的情況，比清廷官修《明史》的記載複雜多了。當時的態勢真的太危急了，比崇禎二年那次女真人犯邊要急迫得很多很多。不管是江山社稷，還是國君的性命，無不危在旦夕，再不走，實在不行了，來不及了，所以大臣們纔會接二連三地請求遷都南京。從第一次左都御史李邦華、右庶子李明睿提出遷都的動議，到李邦華最後一次提出令太子撫軍南京，雖然跨越了二月和三月這兩個月份，可實際上前前後後加在一起也不過六天時間，而且李邦華再次提出太子遷居南京的主張，是在同一天內崇禎皇帝剛剛講過『國君死社稷』這種決絕的話語之後，足見眼前的局勢確是刻不容緩了。

對於崇禎皇帝來說，剛愎自用慣了——不對，不僅自用，還自負、自高、自大十幾年了，現在竟然要聽從他很看不起的文臣的安排，落荒而走，這架子實在不大放得下來，面子也實在不大好看。可若是滿朝大臣異口同聲地苦苦懇求他南遷，而且一求、再求、三求，那麼，爲了朱家社稷，他不得不曲從衆議，顧全大局，就像俗話說的那樣，順坡下驢，這就可以心安理得地改到南京去辦公了。當年洪武爺的攤子本來就是在那兒開張的，這有什麼呢？

就在這個不尷不尬的節骨眼兒上，光時亨冒了出來，斷然反對左都御史李邦華和右庶子李明睿南遷的主意，當然它同樣也反對其他那些後續的主張。這事兒的前後過程，相關歷史文獻的記載有些複雜，也有些混亂，但綜合歸納起來，可以簡略地將其基本過程敘說如下。

按照《明史・莊烈帝紀》的記載，二月丁亥、也就是二月二十八號那一天，崇禎帝『詔天下勤王，命廷臣上戰守事宜』，也就是讓臣子們獻計獻策，找到從叛賊李自成那個虎口中逃脱的辦法。此前，李邦華和李明睿已經在正式的會議上對此有所議論，而且李邦華還遞上了奏疏，有正式的文本可供檢閱，莊重得很。他們二人一致認爲，應當在南京打應變的主意。其相互之間意見的區別，祇是李明睿以爲太子少不更事，應以皇帝直接南遷爲便，而李邦華則擔心朝中大臣難以認同這一方案，實際上這也是崇禎皇帝抹不開面子的地方，即這在有些臣下看來，將『如宗廟社稷何！如十二陵寢何！如京師百萬生靈何』！所以不如姑且先讓太子南下撫軍，以爲過渡（李邦華奏疏明確寫有『皇上即不南遷』的話，顯然是以崇禎移蹕南京爲上策）。

請注意，李邦華的身份是左都御史，是位久經歷練的官員，政治上顯然更加成熟，而李明睿乃是起於田間，因李邦華特薦纔得以被擢任爲太子屬官。從後來事情的發展情況可以看出，還是李邦華的考慮要更爲周詳，更爲穩妥。

須知在此前兩年崇禎十五年八月十五中秋團圓節過後那個最黑的月黑頭日子裏，兵部尚書陳新甲剛剛被崇禎皇帝宰了，還被陳屍街頭，以儆效尤（《明史》卷二四《壯烈帝紀》二）。這兵部尚書的職位大致相當於現在的國防部長，而手中的權力可比咱現在的國防部長要大得多了，是個堂堂正正的實權高官。那麼，崇禎皇帝爲什麼要對手下這麼重要的大臣痛下此等狠手呢？是他陳新甲這個兵部尚書，按照崇禎皇帝的指示，同東北的女真人秘密議和，本來談得差不多了，卻被宅子裏的僮僕偶然間無意泄漏出去，結果引得『言路譁然』，崇禎皇帝大爲惱火，乾脆就拿他這條小命來抵消衆怒（《明史》卷二五七《陳新甲傳》）。

當時明廷所面臨的重大危難，有內寇、外虜兩項，內寇即李自成、張獻忠輩流寇，外虜則是東北方向襲來的女真。總的來說，大明朝廷絕沒有能力同時應付這內寇、外虜兩大強敵，若非坐以待斃，衹能先和虜勦寇，或先撫寇擊虜，而更現實的辦法，理應首選前者。

這樣我們大家就能夠理解，崇禎皇帝指令陳新甲暗中同女真議和，本是一項理智的處置方法，結果卻因朝臣反對，招致上面所說的結果。知曉這一剛剛發生的案例，大家也就很容易看清崇禎皇帝強撑門面的虛僞姿態和諉過於人的冷酷心性，也就很容易明白李邦華和李明睿二人的難處，還有李邦華爲什麼會如此謹慎行事了。

這一天，李明睿『見衆論狐疑，未有所定』，實在忍不住，當即提出了南遷都城的主張，且曰：『唐再遷而再復，宋一遷而南渡，諸君何所疑而諱言遷乎！』這話講得太直截了當了，也很乾脆地說破了大家的心思——你們大家心裏不也都這麼想的麼？不過是有所顧忌而不敢說出口罷了！結果，弄得衆朝臣面面相覷，誰也不知道說什麼是好，衹有李邦華和少詹事項煜兩人表示了認同（徐鼒《小腆紀年附考》卷三。計六奇《明季北略》卷二〇『李明睿議南遷』條）。

第二天，也就是二月二十九日，崇禎皇帝『怒坐平臺，召閣臣前曰：「憲臣密奏，勸朕南遷。」』這平臺並不是個隨隨便便的高臺子，而是明朝北京皇宮裏一個特別用以召見大臣的地方。去過北京紫禁城的朋友都知道，清宮的中軸線上，由南向北，依次排列着太和殿、中和殿、保和殿三大殿。這三座大殿在明朝的名稱，分別爲皇極殿、中極殿和建極殿。這建極殿是『外朝』的最後一座大殿，再向裏，就進入『内廷』了。所謂『平臺』，即指建極殿後面那處平臺。

明朝皇帝常常會在這個平臺的東側召見閣臣等官，即所謂『平臺召對』。通常閣臣們是經過建極殿東側通向殿後平臺的那個『後左門』入見應召（龍文彬《明會要》卷七一《方域》一。劉若愚《酌中志》卷一七）。不知道是喜歡曬太陽，還是有其他什麼考慮，反正皇帝就在這露天地裏召見親倖大臣商量事兒了。明朝是個奇葩的朝代，什麼樣的奇葩事兒都有，見怪不怪我們把這當戲看就是了，因爲這『平臺』確實很像是當時的戲臺（徐鼒《小腆紀年附考》卷三）。

崇禎皇帝講的這道勸其南遷的『憲臣密奏』，當然就是左都御史李邦華此前進上的那份奏疏。這時，東閣大學士陳演便又奏上了前一天李明睿和項煜提出的與李邦華類同的意見。須知正是由於崇禎皇帝的剛愎自用以及由此造就的一意孤行，纔造成了目前這樣的危殆局面，而這也決定了他不會驟然間放下那個架子，出京逃難。

首先是他幻想着僥倖於萬一，以爲李自成亂軍或許還不至於攻下京城；其次，他也深知局勢的險峻，不得不做出了把這個架子一撐到底的姿態，說道：『如事不可知，國君死社稷，義之正也，朕志決矣！』在崇禎皇帝明確拒絕李邦華、李明睿和項煜諸人的提議之後，大學士蔣德璟又一次提出太子撫軍於南京的建議，但這也被崇禎皇帝以太子少不濟事而拒絕。

然而，另一方面，在崇禎皇帝的心底，實乃『非不欲南遷』。史載崇禎皇帝在稍稍平復最初的怒氣之後，『色漸平，亦以寇氛日劇，言或可採也』，故謂『得（李邦華）疏意動，繞殿行，且讀且歎，將行其言』，亦即委派太子先行南下，並且已經籌措舟師並且派人去江淮間地帶做屯田練兵的準備，不過『自慚播越，將俟舉朝固請而後行』而已。（徐鼒《小腆紀年附考》卷三。夏允彝《幸存錄》之『流寇大略』條。李遜之《三朝野紀》卷七。談遷《國榷》卷一〇〇崇禎十七年二月丁亥。《明史》卷二六五《李邦華傳》）。

本來是該奮力往南京猛推崇禎皇帝一把的時候，可就在這個當口兒，我們要談的這位光時亨先生卻偏偏急不可耐地跳了出來。光氏不僅竭力反對遷都，還同時『疏參李明睿南遷爲邪說』（李遜之《三朝野紀》卷七）。

這到底是爲什麼呢？這事兒，不僅我感覺不好理解，崇禎皇帝也覺得有些不可思議。不過崇禎皇帝覺得不可思議的主要是弄不明白主張遷都的並不止李明睿一人，可爲什麼光時亨卻祇針對李明睿一人發難呢？於是，『上即召光時亨，面詰曰：「一樣邪說，卻祇參李明睿何也？顯是朋黨，姑且不究」』（李遜之《三朝野紀》卷七）。

在我讀到的明末『正史』和稗乘當中，對此，都沒有什麼明確的記載。現在，講了這麼多了，繞了這麼大的一個大圈子了，纔轉到今天所要談論的真正『主題』，看看光時亨自己是怎麼解釋這件事兒的。

三、細節與真情

今天到這裏來和大家談光時亨這個人，談談他的名聲問題，主要是因爲我讀到他的一部文集，書名叫《素堂遺集》，或稱《素堂遺稿》（書稿尚未最終編定，祇有待定寫本傳世，存北京大學歷史系）。照規矩，這『素堂』二字當然應該是作者的雅號，『遺集』或『遺稿』則表明這部集子是在他身後始纂集成書。關於這部集子的基本情況，我已另有專文介紹（拙文《題光時亨〈素堂遺集〉》），現在大家祇知道它是一部中華民國的『國府』還在大陸時候的鈔本而且還極其罕見也就行了。要是不罕見，就輪不到我到這裏來説三道四了。

按照光時亨在崇禎十七年十二月二十五日所做的辯駁，這件事的過程，比我在上面講述的確實是要更複雜一些。俗話説『前有因，後有果』，通過光時亨的講述，我們可以瞭解到，在二月二十八日之前還發生了下面這樣一些促使他站出來説話的『前因』：

> 本年二月二十日，内閣集同撫部院詹翰諸臣密議軍國大計，内有請東宫出招義旅者，有請二王出監南都者，爾時俱語秘不傳。惟宫允李明睿，在内則密請親征，在外則倡言南幸。先帝於二十二日面諭内閣折衷群議，獨於明睿之言，則動色曰：『豈是勸朕親征，便是勸朕

出走？國君死社稷，朕可走乎！」震怒殊甚，外廷咸知，而兵民惑於初聞，猶驚亂靡定。至二十八日，時亨不得已疏糾及之，止求頒諭嚴城守。——距會議時已九日矣。［光時亨《素堂遺集》之《獄中遺稿·第一揭（甲申冬）》］

據此，光時亨第一次上疏糾彈李明睿，是在崇禎十七年二月二十八日，這實際上就是廷臣奉詔『上戰守事宜』那一天。不過光時亨並沒有提及朝臣們在二十八日的這次會議（他當時的身份是刑科給事中，屬於所謂『科道官』，據趙士錦《甲申紀事》記載，這次廷臣集議，包括『五府六部詹翰科道等官』，故光時亨是應當參與其間的），而且他針對的目標乃是此前在本月二十日那次集會會間會後李明睿的主張和作爲。因而他奏上這份奏疏的時間，理應是在二十八日廷臣相會之前。具體來講，光時亨之所以『祇參李明睿』，是因爲李明睿在更早的二十日那次『撫部院詹翰諸臣密議軍國大計』之後李氏『在外倡言南幸』，從而泄漏了廷臣們秘而不傳的機密，並引起普通羣衆的恐慌驚亂。其目的，顯然是爲了維護社會的穩定。

不過光時亨所說二月二十日這次廷臣集議，應該就是二月二十八日這些朝臣們奉詔議事之前李邦華和李明睿等對相關時事的議論，而且如前所述，李邦華業已進上奏疏。至二月二十九日，崇禎皇帝在閱看左都御史李邦華的奏疏後，一時對這種遷都逃避的主張大爲震怒，於是在平臺召見閣臣，東閣大學士陳演又奏上前一天李明睿和項煜兩人表述的大體相類的看法，這不僅令生性猜忌多疑的崇禎皇帝對光時亨在前一天、也就是二月二十八日『祇參李明睿』一事充滿疑慮。

於是，在這下一天、也就是二月二十九日於平臺召對閣臣之後，崇禎帝便又單獨召見光時亨，光氏自述此番經歷云：

> 二十九，蒙先帝召對，但以獨糾明睿偏私爲問。時亨備述其故在固根本、安人心，總從國家起見。先帝大言曰：『人心宜安定，自是不必說的。』蓋正借此召以鎮外疑也。［光時亨《素堂遺集》之《獄中遺稿・第一揭（甲申冬）》］

這樣我們就大致能夠明白，光時亨在二月二十九日這一天，並沒有直接針對南遷事發表什麼不同意見，他上疏指斥李明睿的南遷主張祇是二月二十八日在這一天廷臣集議之前做出的舉動。

對自己進上此言的宗旨和意義，稍後光時亨又更進一步解釋說：

> 去春二十八日，因人心動搖，疏爭城守，距李明睿內閣會議已隔旬日，事經召對，共有聽聞。先帝誓死不出，計定於前；公卿議守僉同，敷陳在列。原由明睿違衆而言遷，非關時亨違衆而言守。矧明睿在內猶密請親征，在外遂倡言南幸。昔唐皇幸蜀，計定俄頃，王公嬪御，猶不及從。豈有遷國之秘謀，可張皇以告衆？既令遷不成遷，又使守不成守。因知金錢緩發，

士馬飢疲，垛卒星稀，戰旅雲散。每見郡邑尚堅持數年，寧有都城難支賊三日？豈非兵民惑於兩可之說，遂令中外頓成瓦解之形。……從來國家退一步則失一步，封疆守一日則存一日。是以先帝千秋大烈，當會議後早已震怒於明睿之言，謂『非勸朕親征，便是勸朕出走。國君死社稷，朕可走乎？』（光時亨《素堂遺集》之《獄中遺稿・第二揭》）

單獨看這些話而不顧當時的總體形勢，光時亨的說法確實義正詞嚴，沒什麼毛病。可在這裏，他迴避了自己後來的舉止，即他強橫抗阻遷都之議，不止二月二十八日這一次而已。

前已述及，崇禎皇帝決計困守孤城，坐以待斃，講出『朕非亡國之君，諸臣盡爲亡國之臣』那兩句『千古名言』，是在崇禎十七年三月壬辰、也就是三月初四這一天，《明史・莊烈帝紀》講到了此前一天『李建泰疏請南遷』以及李邦華等在這一天『復請太子撫軍南京』的事兒，朱明遺民李遜之在《三朝野記》一書中更加具體地記述當日情形云：

至三月初四日召對，復諭閣臣曰：『督輔李建泰有疏勸朕南遷。國君死社稷，朕將何往？』大學士范景文、左都李邦華、襄城伯李國禎請先奉太子撫軍江南。光時亨曰：『奉太子往南，諸臣意欲何爲？將欲爲唐肅宗靈武故事乎？』景文等遂不敢言。上復問戰守策，衆默然。上嘆曰：『朕非亡國之君，諸臣盡亡國之臣也。』遂拂衣起。（李遜之《三朝野紀》卷七）

談遷《國榷》以及文秉《烈皇小識》等書的記載較此文字稍略而大意相同（談遷《國榷》卷一〇〇崇禎十七年三月壬辰。文秉《烈皇小識》崇禎十七年二月），足證正是光時亨這一次更爲強橫的言辭，纔徹底阻斷了崇禎皇帝的南遷之路。

看到這些情況，大家或許會有一番豁然開悟的感覺，原來真的會有『天人感應』，原來真的是『天人合一』：前面講到的這一天『帝星下移』之事，原來是兆示着崇禎皇帝即將命終，也就是將要成爲『亡國之君』！可憐的是面對這一嚴重的天象，『羣臣飲酒高會如太平時』（徐鼒《小腆紀年附考》卷三），沒人拿皇帝老子的死活當回事兒，也沒有人拿國家的興亡當回事兒。——這就是所謂末世景象。

不管怎麽說，光時亨上面這些話都講得太重了。他說范景文、李邦華欲奉太子往南，就是想要像唐臣輔佐李亨在靈武即位以取代唐玄宗一樣，讓太子取代朱由檢的帝位。光時亨這話，實在是欲加之罪，何患無辭。李邦華在二月二十日廷臣集議後所進上的太子撫軍南京的奏疏中即已有言在先：『臣南人也，必有言臣以遷自便者，臣願隨皇上執管鑰，而分遣信臣良將扞牧圉以南發。』（徐鼒《小腆紀年附考》卷三）這又何以會有『欲爲唐肅宗靈武故事』的意圖？

斷送大明末代皇帝性命和朱家江山社稷的罪責雖然無以開脫，但從上面講述的情況來看，光時亨進言阻止遷都或是太子撫軍於南京也確實不是出自同李明睿等人的舊怨私憤。那麽，問題又回到了原處：他這一番不同尋常的舉止，到底是爲了什麽呢？

後來有人稱光時亨此舉『乃欲借孤注以邀名，而非所以忠君也』（計六奇撰《明季北略》卷二〇『附記南遷得失』條），這也未免誅心過甚，是以後事推論前情。在我看來，什麼也不爲，爲的祇是做個好官。大家看，前面一開始我就說對不起大家，到安徽地面上來，卻講我們安徽人光時亨或許不那麼太好的名聲。其實一個人的名聲好壞，是一個很複雜的問題。若是不考慮對大局的認識，也不考慮後來是否附逆降賊，單純來看他在明亡之前的政治品格，可謂剛正不阿，果敢有爲——一切都源自他這一品格。

光時亨在崇禎七年考中進士以後，起家四川榮昌知縣。至十五年三月，以考選賜對，受到崇禎皇帝賞識，授刑科給事中，直至明亡（光時亨《素堂遺集》卷四姚康撰《光給諫傳》、吳日躋撰《光給諫含萬先生傳》。又吳甡撰《柴菴疏集》卷二〇《內閣疏揭・題揭》）。

這刑科給事中屬於明朝所謂『科道官』，也可以稱作『言官』，官階不高，但地位很特別，或者說這是個相當關鍵的職位：下可以左右言路，彈劾百官，上可以直接規諫皇帝，抨擊朝政。這也可以說是明朝體制設計給這個官職的一項特權，光時亨敢於那麼大膽地阻止南遷的動議，而崇禎皇帝竟然也對他有所忌憚，也是緣於他當時正在刑科給事中任上，是在忠實地履行自己應盡的職責，即他認爲南遷之議並不合乎時宜，當時的要務應是固根本、安人心。祇不過那些主張南遷的大臣們清楚看出這個根本早已動搖不已，人心更是騷動難安，而光時亨則還懷有不切實際的期望。

在這部《素堂遺集》中我們可以看到很多篇光時亨在擔任刑科給事中期間的奏疏，這些奏疏都很具體地體現出他這種克盡職守的態度，誠如光氏自言——『從不敢一言一事不從君國起見』（《素堂遺集》之《獄中遺稿·辨疏》）。又兵部主事成德在崇禎自殺後投繯殉國，臨難前遺書翰林院侍講馬世奇，謂『使在都冠紳盡如光含萬、孫北海（案時任刑科給事中的孫承澤號「北海」），天下事尚可爲』（孫承澤《天府廣記》卷三四《人物》），足見其所作所爲，是頗受時人推崇的。

四、『智主』與『忠臣』？

然而，很多很多年以前，秦始皇的生身之父呂不韋在《呂氏春秋》裏就寫有這樣兩句很精闢的話，叫作『亡國之主似智，亡國之臣似忠』（《呂氏春秋》卷二二《疑似》）。若是把這兩句話語落實到崇禎皇帝和光時亨這對寶貝君臣身上再相互比對着看，真是對誰都很貼切。

崇禎皇帝臨到把國弄亡了，還以爲『朕非亡國之君』，還以爲他這個一尊之身真的天資高卓，足以淩跨羣臣，可除了他自己，天下人都知道，這個從表面上看起似乎很厲害的國當然就是亡在他的手裏，亡就亡在他的剛愎自用，自以爲是；至少是他大大加速了朱明王朝必然覆滅的墜落過程。這既怨不得東北邊境之外我那些老鄉，也怨不得揭竿而起的遍地饑民，更怨不得無所適從的滿朝大臣。

那這位光時亨先生呢？光時亨後來在弘光小朝廷獄中爲自己辯誣洗白時，稱道自己『服官十年，貧拙自守，入垣二載，疏百餘上，從不敢一言一事不從君國起見』（光時亨《素堂遺集》之《獄中遺稿·辨疏》）。可他若是能夠在不管在什麼情況下都始終把家國天下置於生命中首要的位置，真的永懷不忘那顆忠君體國的初心，即徹徹底底地『從君國起見』，就不會把亡國的責任往往主子身上推了。

試看光時亨在被南明逮捕入獄之後爲保全性命是如何解釋自己阻遏崇禎皇帝南遷的行爲的：

至若守而不效，其殆時數之偶然，天意之莫測，即先帝聖智不及料，而豈臣子愚昧所能逆睹也。聿觀開闢及今，死宗廟者曾未有如我先帝，此其英風大烈，上可對揚列祖，下可昭示後世。從古無千載不敗之疆宇，而有萬世不磨之志事。今廢於北者興於南，天固將假手聖明中興，以丕纘先帝未盡之業。自是掃清幽燕，日月再耀，使陵園震而復安，九廟恫而復妥。即謂先帝生氣與江漢常存可也，乃以遏密之悲號，或至掩振古之帝烈，而謂言遷者必忠，言守者必罪，此是非之大關大鍵，而可傳疑載筆乎？（光時亨《素堂遺集》之《獄中遺稿・虜寇本末記》）

光氏又云：

臣叨列言路，豈忍預料傾危，緘口待變？且廟謨定於前而補牘在後……先帝自殉身陵廟，豈外議之能移！天意在聖主中興，詎人力之所及？況同時露章有兵科都給事中臣戴明說、兵部主事臣成德，豈罪臣一人私言乎？（光時亨《素堂遺集》之《獄中遺稿・辨疏》）

類似的話還有：

> 先帝神明英武，萬機獨斷，睿裁一定，誰復敢撓？況此國家何等大事，輔弼日前席而籌盈廷，日愈謀而議，既不以明睿一人之言而行，又豈以時亨一人之言而止乎？「光時亨《素堂遺集》之《獄中遺稿・第一揭（甲申冬）》」

真可謂之曰『喋喋不休』，什麼意思呢？不過是想說國破身亡都是朱由檢自找的，他這個做皇帝的一心找死誰能拉回來呀？正所謂不作不死（no zuo no die），怎麼能把賬算到我光某人頭上！用崇禎皇帝自己的文雅話講，這等於說他朱由檢就是那個地地道道的『亡國之君』。事兒雖然是這麼個事兒，可這話今天我們這些平民百姓來講行，卻不該在當年由你光時亨來說。

在明朝，諸科給事中這個官位，本來就負有『規諫』君主失宜之舉的職責，若是朝政『有失』，理應『封還執奏』（《明史》卷七四《職官志》三），皇帝舉措失宜，更需要你來糾偏匡正，你怎麼能反過來說是崇禎皇帝自己找死？崇禎皇帝喪命亡國，對於一個大臣來說，這是何等傷心哀痛的事情，你自己不敢承擔責任也就罷了，怎麼好意思反過來往皇帝身上推？

大家看這君臣兩人，是不是天造地設的一對好寶貝？——這就是俗話所說的『活寶』。

透過上面這些光時亨講的話，我們還可以看到他在另外兩個方面也體現出了同樣、甚至是更加惡劣的品性。

一是他爲開脫自己，竟不惜把其他人拉來陪綁，即光氏謂當時反對遷都南京的並非僅有他一個人，『同時露章有兵科都給事中臣戴明說、兵部主事臣成德』，因而罪若當誅，這些人就應該同時接受懲處，不能衹殺他一個人。這些同僚即使與他一樣奮力阻止崇禎皇帝南遷，光時亨也沒有必要爲自己求生而把別人也拉來跟他一塊兒受死（其實如前所述，至少兵部主事成德業已懸樑攀髯追隨先帝遠去了），況且無論如何在這件事上光時亨都是一馬當先的急先鋒，南明弘光小朝廷衹拿他來開刀，雖然是馬士英、阮大鋮輩想報自己的私仇，但亦可謂恰如其分。

二是出於求生的慾望，光時亨竟然講出了『天固將假手聖明中興』和『天意在聖主中興』這種混賬話，即謂崇禎皇帝之死，不止是他自己一個勁兒地找死而已，其命喪景山，更加無以避免的，是他天命已終，天運已經移降到弘光帝頭上，有沒有我出面說話，這都是必然要發生的，是一種必然的結局——那麼，這些還都該着我光某人什麼事兒？

這些話，在道德上的可恥可鄙之處，在於光時亨爲僥倖逃脫懲處，竟不惜公然以先帝該死、弘光當興來向南明小朝廷獻媚乞憐。朱明王朝的覆滅和崇禎皇帝走上窮途末路，確實都是一種歷史的必然，就像崇禎十七年三月初四『帝星下移』所兆示的那樣，猶如上天的定數，可這話絕不是你光時亨應當講的，更絕不是該在這種情況下對着弘光小朝廷講的。這是爲巴結新主子而無情地鞭撻剛剛上吊自殺的老主子，未免太不知羞恥，也太下作了。

這意味着什麼？往大了說，在很大程度上可以說光時亨已經喪失了做人的基本底線。統觀光時亨在當時的處境，我們應該不難看出，處於這種性命攸關的關頭、更確切地説是在命處絕境之中的時候，他什麼也顧不得了，心中的念頭，衹有一個——活命！

五、『從賊』事大

不管你是什麼人，總歸首先是個人。須知人是一種動物，而求生是所有動物無師自通的本能。若非具有鋼鐵般的意志，這種本能，自然會促使人做出違背平素道義追求的舉止來。當時，光時亨之所以會講出這些毫無底線的昏話，是因爲南明弘光小朝廷要對他處以極刑——罪名是『從逆』，也就是叛降反賊李自成。

前面提到過的那位因恥與光時亨同名而改稱『時忠』的無錫胡氏，有個外甥，叫計六奇，寫過一部載述晚明史事的著述，叫《明季北略》，這書我在前面引用過。計六奇在《明季北略》這部書中具體記述了光時亨此番遭際産生的經過和緣由：

王章，字漢臣。……都御史李邦華謂公負文武略，題授巡視京營（監察御史）。……三月十八日，賊攻彰義門，公督將士堅壁以守，矢集如雨，弗卻也。城破，入守平則門。向明，諱上崩，軍無固志，公猶手擊二砲傷賊，賊少沮。頃之，城陷。公語同事科臣光時亨曰：『事至此，惟有一死！』。時亨曰：『如是死，委同士卒死奚異？莫若入朝，覓帝行在，不獲則死，死得所也。』公許諾。時亨遽易服，將强公。公曰：『否，否！子之造朝者，恐同士卒委草莽。期烈烈死也。若去爾冠，易爾服，官不官，卒不卒，奈何？』無易便行，數武，賊騎掩至，叱下馬，時亨遽離鞍蹬前立，且請降。賊持刃問公曰：『降否？』公叱之曰：『不降！』賊以刃碎公膝，墜馬，公坐地大罵。賊怒，手刃公，棄走。或謂即牛金星也。公僕某索公急，望見公怒目張口，一手據地坐，以爲猶生也，亟呼不應，遇害矣。（計六奇《明季北略》卷二一上《殉難文臣》『王章』條）

光時亨與王章兩人，當時應是以『科道官』身份共同在平則門（今北京阜成門）督戰。這是因爲從三月初二開始，崇禎皇帝就『命內監及各官分守九門』（徐鼒《小腆紀年附考》卷三。談遷《國榷》卷一〇〇崇禎十七年三月庚寅）。結果，光時亨一遇到李自成軍就降了，王章則寧死不屈，爲大明盡忠到底。

貪生怕死，既然是人身上動物性的自然體現，那麽降也就降了唄，可這位光時亨先生很快又從李自成盤踞的北京逃往弘光小朝廷所在的南京，途中被主政的馬士英、阮大鋮逮住，嚴厲追究其降賊從逆的罪責。顯而易見，這下真到了生死存亡的關頭。

光時亨被追究的罪責，實際包括兩項，一項是『力阻南遷』，另一項是『身先迎賊』，這是崇禎十七年六月馬士英奏上的案由（談遷《國榷》卷一〇二崇禎十七年六月丁卯）。正因爲如此，我們纔能看到光時亨拼命做出的上述辯解。

光氏後人以及那些試圖解救光時亨或同情光時亨的人，往往會特別强調他被追究的前一項罪過，即『力阻南遷』之事。如南明刑科給事中方士亮、清初名士戴名世等即俱持此論，稱光氏終遭南明誅戮，是『以諫止南遷殺之』。這些人着力强調這一點的意圖，當然是想爲光時亨開脱罪責，蓋如方士亮所説：『人臣處亂世而陷刑章者亦多矣，或無故而加之罪，或故誣之以不可居之罪，生死在手，刀鋸横加，何所不至，獨未有以諫止遷都而獲死者。』（光時亨《素堂遺集》卷四方士亮《訟冤疏》。《戴名世集》卷七《書光給諫遺事》）光氏曾孫甚至徑謂乃曾祖係『以阻遷一案致之死』（見光時亨《素堂遺集》卷四載清佚名撰修史採訪稿）。

然而，實際情況，並非如此。南明弘光小朝廷最終爲光時亨裁定的罪名，主要還是『從賊』，而且仿效的乃是唐肅宗對安史之亂時接受僞命者所定的六等之刑（《明史》卷二七五《解學龍傳》。徐鼒《小腆紀年附考》卷七），所謂『力阻南遷』不過是爲彰顯其『從賊』之事罪不容赦而已。

在這種情況下，他們還是想讓人們的目光聚焦到諫止南遷一事上來，是有特别的歷史背景的——這就是光時亨平素裏那種剛正不阿且果敢有爲的政治品格，讓他得罪了弘光朝廷主政的馬士英和阮大鋮。當然這都是過去的事兒了，可中國社會古往今來一以貫之的普遍的情況，就像俗話所説的，寧可得罪十個君子，也不能得罪一個小人，小人一定會懷恨在心，伺機報復的。祇要稍有人生經歷，誰都明白這個道理，因而方士亮、戴名世這些人的做法，很容易博得世人的理解和同情。

試看戴名世如下論述，最能體現他們的心境：

先是，時亨同郡阮大鋮者，名在逆案中，天啓中左（光斗）、魏（大中）之死，大鋮有力焉。時亨嘗切齒詬詈大鋮，而大鋮度時亨清正，不可以術數籠致，至是嗾（劉）澤清使執之，以阻南遷爲時亨罪，而與金壇人周鍾、涇陽人武愫同日殺之。周武兩人固降賊者也，故野史誤稱時亨爲降賊，至今無白其冤者。（《戴名世集》卷七《書光給諫遺事》）

這裏所說『逆案』，是指崇禎皇帝即位後那些因依附宦官魏忠賢殘害東林黨人而受到懲治的奸臣名單。

依據光時亨自己講述的情況，他因一心爲國而得罪小人，招致報復，以致被逮論刑，牽涉到的宵小之徒，遠不止阮大鋮一人，事項亦不止一端，執掌南明弘光政權朝政的重臣就還包括馬士英在内（光時亨《素堂遺集》之《獄中遺稿·遺疏》）。戴名世在這裏單單提出阮大鋮來作爲罪魁禍首，是因爲他在加害光時亨的過程中確實發揮了至爲關鍵的作用，而觸動阮大鋮必欲將其置諸死地的就是這『逆案』問題。

在明末的政治場裏，隨着黨爭的白熱化，幾乎所有士大夫都或主動或被動地劃綫站隊，很難置身局外：一派是『清流』東林黨（包括後來的復社），陣容強大，聲勢浩蕩；除此之外的黨派勢力，有齊黨、楚黨、浙黨等等，名目衆多，勢力卻遠不敵東林，因而他們當中很多人在政爭的過程中不同程度地與得勢宦官有所勾結，故被統冠以『閹黨』之名。

天啓年間，巨璫魏忠賢當道，阮大鋮爲爭個人官職（吏科給事中）而走宦官的路子，可實際上並沒有公然站在閹黨一方與東林黨爲敵。其人固非正人君子，但至少他在當時的舉止還算不上什麼大奸大惡（夏完淳《續幸存録》『南都大略』及『南都雜志』條）。可是到崇禎二年清算魏忠賢罪惡的時候，還是被東林黨人列入『逆案』名單。儘管實在沒有什麼太過惡劣的行徑，不至於丢掉性命，乃論罪徒刑而贖以爲民（徐鼒《小腆紀年附考》卷六），可一旦列名『逆案』當中，就『永不敘用』，再也沒有做官的機會了。寒窗苦讀，爲的不就是做個官兒麼？官兒做不了，等於大半條命沒了，這實在是太讓人難以忍受的事兒。

阮大鋮是在崇禎十七年六月被馬士英援引起用的，但當即遭到『舉朝以逆案攻阮大鋮』，自大學士高弘圖、姜曰廣以下，羣臣紛紛上疏彈劾（徐鼒《小腆紀年附考》卷六），乃謂『欽定逆案不當翻，阮大鋮不可用』（談遷《國榷》卷一〇二崇禎十七年六月丁卯）。正因爲如此，阮大鋮纔向馬士英建議，定一『順案』，已懲治那些曾經降附於李自成大順政權的明廷官員，內心的真實指向則是那些『素號正人君子之流』的東林黨人。值得注意的是，在馬士英呈上的興辦『順案』奏疏中，首先舉述的從賊罪臣，即『如科臣光時亨阻南遷之議而身先迎賊』（徐鼒《小腆紀年附考》卷七）。

難道這衹是因爲光氏曾力阻南遷之議麽？事實並非如此。在這部《素堂遺集》的《獄中遺稿》中，收有一篇光時亨眷弟吳日躋撰寫的《光給諫含萬先生傳》，其中講到下面這樣一個故事：

> 含萬嘗善阮集之（德勇案：阮大鋮字集之），後交惡。……及公赴部日（德勇案：指光時亨被逮入刑部獄），阮偶在家，廷尉坐。使者報公輩赴部，阮疾語使者：『折簡以送。』大書『假逆案阮某拜真降賊光某』，廷尉駭之。阮曰：『先帝十七年春，去死無幾，光疏猶題逆案。是時案中只我與馮涿州二人，何不放過乃爾！識者已知不生矣。

明白了『逆案』一事對阮大鋮利害關涉之深，而光時亨作爲如此，我們也就能夠理解他終遭大難之緣由所在了。光時亨在《遺疏》中稱『（馬）士英屢向人曰「我原無心參光某，因有一人以硃筆添入其名，原稿具在」，不識所謂「一人」何指』（光時亨《素堂遺集》卷四《遺疏》）？其實結合所謂『順案』的緣起以及光、阮二人之間上述過節，添入光時亨其名那個人，顯然衹能是阮大鋮，是阮大鋮必欲將其置之死地而後快。

然而這衹是光時亨案的一個側面，他到底有沒有降附李自成大順的行爲被抓住，是該案的另一個側面，這也是光時亨案更爲關鍵的節點。

關於光時亨在李自成軍攻入北京城之後的舉止，晚近以來社會上比較通行的《桐城耆舊傳》，記其曾連續三次分别以墮陴、自經、投河的形式自殺，決意爲國盡忠。可『遺憾』的是，這三次自殺都沒有取得成功（馬其昶《桐城耆舊傳》卷五《光給事傳》）。同樣的説法，更早我們可以追溯到戴名世的《書光給諫軼事》（見《戴名世集》卷七）；再早，還見於光時亨同鄉友人左光先撰寫的《野史辯誣》。不過左光先這篇東西，過去似乎很難見到，它是被收録在光時亨《素堂遺集》中的（見光時亨《素堂遺集》卷四。案我看到的這部《素堂遺集》的寫本，誤書作者姓名爲『左光斗』，實則左光斗早在天啓年間即已受迫害而死，光先乃光斗胞弟）。

過去世人很難弄清這些説法究竟出自哪裏。現在，看到這部《素堂遺集》後，使我得以確認——都是出自光時亨本人之口，即出自《素堂遺集》中《獄中遺稿》的《辨疏》《愾言十五首》等處。這樣，我們就能夠更加合理地分析這些説法的合理性和真實性。這是這部《素堂遺集》對我們研究明末歷史最爲重要的價值。

所謂『墮陴』，是説在平則門被李自成軍攻破之時，光時亨並沒有像計六奇《明季北略》記載的那樣，一遇敵兵，即舉手投降，而是想要從城牆上投地自殺。按照光時亨的説法，他是『悲憤墜城，誓以必死』（《素堂遺集》之《獄中遺稿·辨疏》）。

關於此事的具體經過，光氏述云：

（崇禎十七年）三月十九之晨，予與芳洲（德勇案：王章號芳洲）繕疏方畢，同里澹石（椰）、梅坦庵、西源、長源、若魯諸公湊金三百兩有奇，屬余分食饑卒。未及布置，忽報寇至，相約芳洲，墜陴而下，幾死。比見芳洲，爲賊加刃者再，予斷左臂。賊揮刃肱上，執以詢芳洲曰：『若何官？』應曰：『不知。』乃舍去，遂不獲同及於難。負我良友一恨也。（《素堂遺集》之《獄中遺稿・愾言十五首》『墮陴』）

讀這段敘述，須知李自成部衆詢問王章光時亨官職的前提，是如前引《明季北略》所述，光氏一看大事不妙，迅速脱掉官服，換成了便裝。不然的話，光時亨與王章二人當時既然是以科道官的身份督責平則門的防守，自然身着官服，而李自成麾下的農民軍與官府纏鬭連年，對官家冠服理應瞭如指掌。這意味着至少光時亨已經承認，當時他確係換裝易服，而這當然是臨陣逃脱，是用什麽説辭也無法開脱的。情況明擺着呢，在生死關頭，光時亨膽怯了。

那麽，如此畏怯之人，何以轉瞬就毅然決然地與王章相約『墜陴』求死了呢？這合乎正常的邏輯麽？我看完全不符合一個人正常的心態，萬斯同修纂《明史》，稱當時的實際情況是『時亨倉皇下長跪乞降』（萬斯同《明史》卷三八二《忠義傳・王章》），這纔更與他脱卻官服以掩飾官身的做法相吻合。

另一方面，與光時亨一同巡城的監察御史王章，死得是很壯烈的。大家看《明季北略》所記他殉國的情形，是相當具體而又生動的；其他諸書的記述，也大體相同，而王章就義的地點，是城牆之上而絕非城下，更沒有跳牆墜地的經歷（如李長祥《天問閣文集》卷一《甲申廷臣傳》，萬斯同《明史》卷三八二《忠義傳・王章》，清官修《明史》卷二六六《王章傳》，谷應泰《明史紀事本末》卷八〇《甲申殉難》）。若是王章先跳城求死，再罵賊殞命，這不僅一點兒也不會影響他的形象，反而還會顯得愈加壯烈，那別人爲什麼會避而不談其『墮陴』之舉呢？這是很不合理的。譬如協理京營兵部右侍郎王家彦，就是在自投城下折斷臂足而未死的情況下，復自縊殉主，而這是被史家視作可歌可泣的決絕之舉的（谷應泰《明史紀事本末》卷八〇《甲申殉難》）。兩相比較，光時亨所講二人一同『墮陴』的說法，顯然很不靠譜兒。

還有，按照光時亨的說法，當崇禎十七年三月十九日李自成軍攻入北京城之際，他是從平則門的城牆上跳了下去。這七八米高的城牆，摔不死很正常，但一個大人，沒有嚴重的骨折，卻幾乎是不可能的。剛纔講到的兵部右侍郎王家彦，跳城自殺未遂，就是把胳膊腿兒一塊兒摔折了。光時亨自己也說，他當時是摔斷了左臂。俗話說，傷筋動骨一百天，這還是指普通的骨膜及周圍軟組織的損傷，像臂膀折斷這等重傷，若不是經過精心醫治，一百天也好不了；而且即使好了，也會留下能夠觸摸到的斷臂重接的痕跡。可是，我們在所有史料當中，包括我這次看到的光時亨自己的文集《素堂遺集》在內，都沒有看到這樣的記載。

光時亨是在崇禎十七年四月二十六日離開北京，在通州張家灣登舟南下金陵的（光時亨《素堂遺集》之《獄中遺稿・辨疏》）。八月，光氏於宿遷被逮（徐鼒《小腆紀傳》卷一），九月十七，至南京羈押受審（談遷《國榷》卷一〇三崇禎十七年九月壬寅）。從光時亨自己所説的三月十九這個『墮陴』之日，到此時大致經歷了六個月時間。在這期間，光時亨没有任何治療臂骨折傷記録，他也没有講述過一句臂傷後生活不便的情形。這本來就讓人感到有些莫名其妙了，可更爲神奇的是，這折斷的胳膊竟然就那麽自己長好了，還好得連一丁點兒斷裂的跡象也看不到了。神吧，這真是太過神奇了。因爲這骨損傷痕，正是光氏向南明弘光朝廷表曝心跡的絶佳證據，性命攸關之際，他又焉能隻字未提？在我看來，答案衹有一個——這很簡單，所謂『墮陴』傷臂之事，純屬子虚烏有！

附帶説明一下，光時亨編造的這『墮陴』折臂之事，到了戴名世的筆下，又被衍化成『墮陴折左股』（《戴名世集》卷七《書光給諫軼事》），戴氏這種説法後來又被馬其昶的《桐城耆舊傳》所沿承（馬其昶《桐城耆舊傳》卷五《光給事傳》）。衹有瞭解到光時亨《素堂遺集》給我們提供的原始情況，纔能對此謬誤做出訂正。

『自經』即自己勒住脖子死去，就是俗話講的上吊自殺。此事發生在崇禎十七年三月十九日所謂『墮陴』事件之後的同一天内（光時亨《素堂遺集》之《獄中遺稿·辨疏》），光氏述云：

> 墮陴未死，環城覓井，皆石甃，口不容身，因嘆古人預爲止水，良有意。爰入娘娘廟，經以襪帶，爲老巫解救。出城上衣帶詩示之，其辭曰：『抗議知無補，憂時畢此心。君恩慚未報，遺恨古今深。』巫悲涕，然卒不予以死所。二恨也。（光時亨《素堂遺集》之《獄中

一心想死的人卻怎麼死也死不了，這顯然是違背常情常理的；況且當時京城官員勛貴自殺殉國者衆多，所採取的方式，就頗多或投井或自縊的人。

即以最大路的史料《明史紀事本末》匯聚的情況爲例，其投井自殺者，有太僕寺丞申佳胤，新樂侯劉文炳暨乃弟左都督劉文耀，宣城伯衛時春等；自縊身亡者，有戶部尚書兼侍讀學士倪元璐，左都御史李邦華，大理寺卿淩義渠，右庶子周鳳翔，檢討汪偉，戶科給事中吳甘來，監察御史陳良謨、陳純德，吏部員外郎許直，兵部郎中成德，光祿寺署丞于騰雲，襄城伯李國禎，錦衣衛都指揮使王國興，錦衣衛指揮同知李若珪，太監王承恩等（谷應泰《明史紀事本末》卷八〇《甲申殉難》），當然最大的官當屬聖天子朱由檢了。

北京城裏那麼多口井，那麼多棵樹和那麼多道房梁，怎麼偏偏到了光時亨頭上，就井也投不下去，上吊也吊不成了呢？真心想死，除了把他捆住不放，不然怎麼着他也終歸是要走的。一次不成再來一次的，自然更爲決絕，像大學士兼工部尚書范景文，是在自縊被家人解救之後，又偷偷到龍泉巷（寺）自投古井而死；左副都御史施邦曜，是在自縊被僕人解救之後，又飲藥而死；前述協理京營兵部右侍郎王家彥，是在自投城下未得其死的情況下，復又自縊而亡；左諭德馬世奇和太常少卿吳麟徵，都是在自縊被家人解救之後，再次自縊而死（谷應泰《明史紀事本末》卷八〇《甲申殉難》）。什麼事兒，都怕比着看，一對比，情況也就清楚了——實際上光時亨並沒有下定必死的決心，因而恐怕根本就沒有娘娘廟裏上吊的事兒。

至於那個作爲見證的『老巫』，無名無姓，無影無蹤，實際上衹是一個死無對證的『證人』（案《戴名世集》卷七《書光給諫軼事》演繹此事，書作『時亨墮陴折左股，匍匐入尼菴，夜半自經，尼救之不死』，『老巫』化作尼姑，不過信筆游說而已）。

讓我們接着來看光時亨講給我們的故事。在三月十九日連經『墮陴』『自經』兩番自殺未遂之後，光時亨說他在第二天，也就是三月二十日，被大順軍兵帶走，拘押於軍營。此乃其『三恨也』（光時亨《素堂遺集》之《獄中遺稿·愾言十五首》『慘押』。又《素堂遺集》之《獄中遺稿·辨疏》）。

又過六天，就發生了『投河』之事：

> 三月廿六日，舉國傴押，如值狂飆，予幸掣身御河。回憶窘辱營中，思此水如天上波，臣畢命亦既已矣。爾際僕役靡一在側，亡何行道王明等救起，移時方甦。環堤視者千餘衆，予再三欲復入水不可得。明等……強扛回真如寺，雖曰生之，慘倍於殺。四恨也。（光時亨《素堂遺集》之《獄中遺稿·愾言十五首》『御河』）

所謂『舉國傴押，如值狂飆，予幸掣身御河』，光氏另外表述爲『賊逐戶搜索衆官，押同點選，罪臣義不受辱，投死御河』。這樣，意思就更清楚了。另外，救起光氏的行人，除了那位『王明』之外，還有一名作『郭萬里』者。光時亨說，這次自殺未遂，導致他『肢體折傷，鼻眼流血，待斃淹淹，月餘尚不能屈伸』（光時亨《素堂遺集》之《獄中遺稿・辨疏》）。

光時亨這次未遂的自殺，有對身體造成的嚴重損傷，有具體的見證人，所以我覺得大致可信。那麼，爲什麼直到此時他纔想要殺身成仁呢？我們看看在這之前都發生了什麼。

相關記載表明，在光時亨所說遭遇羈押的第二天，也就是三月二十一日（己酉），他就被大順朝廷特授諫議大夫（談遷《國榷》卷一〇〇崇禎十七年三月己酉）。投河前兩天的三月二十四日（壬子），大順政權給明朝降臣普遍授職，光時亨也名列其中，即依例以給事中原官改作諫議（徐鼒《小腆紀年附考》卷四）。當然，這並不意味着光時亨就接受了這一職務，但接下來在這下一天的三月二十五日（癸丑），李自成召見新附諸臣，對光時亨特別『面加獎勸』（談遷《國榷》卷一〇〇崇禎十七年三月癸丑），這下事態可就嚴重了。

在分析光時亨的心理活動時，我覺得首先需要區分開斂手降賊與出任『僞職』這兩層情況。三月十九日大順軍登城，舉刀相向，光時亨一時軟弱，沒敢做絲毫抵抗，衹是求生的慾望所致，藉用一句光時亨自己的話來講，不過『城陷脅逼，流離南面者』而已（光時亨《素堂遺集》卷四吳日躋《光給諫含萬先生傳》），這並不等於他想要到大順政權裏去做官任職。特別是光時亨的家鄉在我們安徽桐城，當時這裏還是大明的天下，而大順和大明究竟誰勝誰負，情勢並不明朗；至少明朝依賴江南的殘山剩水還足以與大順抗衡，兩朝劃江分治，完全是一種可以預想的局面。在這種情況下，他若是出任大順的『僞職』，必然會給家鄉的親人帶來很大麻煩（案馮夢龍《甲申紀事》卷二、徐鼒《小腆紀年附考》卷四等謂光時亨在北京城中曾寄書其子，云『我已受恩大順，汝等可改姓走肖，仍當勉力詩書，以無負南朝科第』，在當時情況下，這似乎過於離奇，恐怕是污衊者肆意造謠）。

在面見李自成之後，光時亨一定感到他沒有辦法再委曲求全了，前面已經無路可走，即光氏所說實在『義不受辱』，衹能以一死來解除對子孫的連累。於是，就發生了三月二十六日的投河自殺事件。自殺雖然未遂，但給身體造成了比較嚴重的傷害。光氏在臥病一個多月之後，『以四月廿四日竄匿西山，於二十六日登舟張灣』，即乘船沿大運河南下（光時亨《素堂遺集》之《獄中遺稿・辨疏》）。

當時南北各地都動盪不安，經歷這麼一番磨難之後，光時亨未必還想再到大明王朝去做官，不過返回家鄉與親人團聚而已。就在他南下的途中，清兵入關，李自成敗退。光氏云『抵濟寧即聞南中蜚語』，這當然是指風傳他降賊做官的事情。在這種情況下，他『非不可行遁』，也就是潛逃隱匿，但卻『欲明心跡，亟圖南歸』，從而在宿遷被南明逮捕（光時亨《素堂遺集》之《獄中遺稿・辨疏》），並最終遭到懲處。

在我看來，光時亨沒有畏罪遁逃的原因，是弘光帝爲籠絡人才，於即位詔書中宣佈『在京各衛，陷賊各官，有能反邪歸正者，寬其前罪』（徐鼒《小腆紀年附考》卷六）。光氏自言他在南下途中，『舟抵張秋，捧詔悲泣』（光時亨《素堂遺集》之《獄中遺稿・北歸自討檄》），講的就是讀到弘光帝即位詔書時喜出望外的心境。對照自己實際上『未嘗一登僞吏之堂，居其職，任其事』的情況（光時亨《素堂遺集》之《獄中遺稿·辨疏》），自然而然地也就放鬆了警惕，還想在政治上一展身手，光氏『竊謂新朝寬政如此，設身不即殞，必當再矢捐糜』（光時亨《素堂遺集》之《獄中遺稿·北歸自討檄》），講的就是這樣的思量；再看他自白『伏讀恩詔開陷賊反正之條』，感到『欣逢聖際，何忍自阻向隅』云云（光時亨《素堂遺集》之《獄中遺稿·辨疏》），俱可證拙意不誣。遺憾的是，他太大意了，也太熱衷了，以致忽略了自己得罪過的那些仇家，特别是『逆案』中人阮大鋮。

這就是光時亨的悲劇所在，這也就是光時亨在大明王朝滅亡之際的遭遇。儘管光氏後人編纂這部《素堂遺集》並要把它傳留後世，在很大程度上是想要洗刷光時亨降附李自成並遭南明懲處的這段很不光彩的歷史，但我解讀相關紀事，衹能得出如上結論——儘管這有些對不起各位安徽的朋友。

看我得出這樣的結論，稍微瞭解一些光時亨案的朋友或許會問：假若果真如此，那麼爲什麼後來唐王朱聿鍵在福州建立的隆武政權還會給光時亨平反呢？這主要是因爲馬士英、阮大鋮輩在弘光時期刻意與東林黨徒作對的舉止招致東林一派的強烈反感。閲讀保留在這部《素堂遺集》中的方士亮撰《訟冤疏》，稍加斟酌，就可以看出，這篇《訟冤疏》正是隆武時期代光時亨子廷瑞寫給隆武政權的伸冤材料，而在這當中我們看到，方士亮雖百般回護光時亨，但卻没有舉述任何具體的證據來開脱光時亨『從賊』的罪責，衹是一味強調馬士英、阮大鋮等人是『以諫遷殺時亨，而時亨之無僞仕已可決矣』，並没有在降附『闖賊』的具體行徑上爲光時亨爭辯一詞。

特别需要指出的是，隆武政權當時係由黄道周柄政，而指斥楊嗣昌附閹誤國，是黄道周在崇禎時期與閹黨鬪爭的一大關節（别詳拙稿《記南明刻本〈西曹秋思〉——並發黄道周彈劾楊嗣昌事件之覆》，收入拙著《讀書與藏書之間》）。爲此，方士亮在給光時亨『訟冤』的《訟冤疏》中特地提及光時亨曾『以練餉故批根引繩，追詆楊嗣昌，甚快』，這自然很容易引起黄道周的共鳴（光時亨《素堂遺集》卷四方士亮《訟冤疏》）。

總之，隆武政權給光時亨的平反昭雪，在很大程度上祇是黨爭的産物，並不能從實質意義上洗刷光時亨降附李自成的『污名』。須知弘光政權裁定光時亨『從賊』的罪名，具體是由刑部尚書解學龍操作的（《明史》卷二七五《解學龍傳》），而解氏正是與黄道周站在一起，同閹黨並肩抗爭的摯友，假若光時亨『從賊』之罪純屬栽贓陷害，解學龍必然全力抗爭，而他没有這樣做，就已清楚説明了當時的實際情況。我們看談遷在《國榷》中記述馬士英、阮大鋮懲處光時亨事，謂其意雖私而事卻公（談遷《國榷》卷一〇二崇禎十七年六月丁卯），就可以説明所謂『公論』並不否認光時亨『從賊』一事。

好了，各位朋友們，看來一個人要想留下所期望的歷史，還得自己人來寫。試看爲光時亨寫出《野史辯誣》的左光先，還有撰寫《書光給諫軼事》的戴名世，在《桐城耆舊傳》中爲光時亨立傳的馬其昶，他們都是光氏的桐城小老鄉，也就都把光時亨爲自己辯白的説法寫成了真實發生的歷史。可在另一方面，儘管光家人期望把這種自己人寫的史傳留作『真實』的歷史，可稍習社會習俗者很容易看出，不過『鄉曲之見』而已（葉昌熾《緣督廬日記鈔》卷三）。

當然，上面我講的這些内容，也衹是我個人的一孔之見。光時亨究竟是怎樣一個人，並不能由我説了算。我衹是一個很普通的書呆子，看法是對是錯，其實都無關緊要，希望大家能夠原諒我的鹵莽。在這裏，我真誠地希望我向大家介紹的這部《素堂遺集》，對大家認識光時亨其人其事能夠有所幫助。最後，謝謝大家，衷心感謝安徽大學的各位朋友。

二〇二三年七月十四日晨草稿
二〇二三年九月十八日晚改定

【附案】

二〇二三年九月十八日下午線上講述於安徽大學歷史學院『安大史學新講堂』。又案在安徽大學講述時所用題目爲《光時亨〈素堂遺集〉漫談》，現在的題目係重新改定，此改定稿中增添有一些當時沒有講述的内容。

九世祖先給諫公遺集

十八世孫進琨謹識

民國十有一年歲在壬戌仲秋月

十九世孫秉鏐鍾銓合抄

素堂遺集

桐城光時亨含萬父著

啓

請查盤葛刑府啓

福星一路君子萬年火烈水懦寬猛合公僑之論魚親鳥悦舞歌盈永叔之亭欣遷鳴騶薄陳式燕疎竹籬邊敬掃子猷之宅浣花村裡願來蘇溪之車塊下邑乏之合鯖之供無當駝峰熊掌念小人切鼓缶之願聊同澗藻溪蘋

回郇中山相迓交代啓

德音孔炤式起周行之頌芳儀不遠佇分漢署之香入室披蘭維駒願縶恭惟老寅臺文華東觀才麗西崑辨九點於齊烟一泓海瀉飛雙舃於蜀道三峽江高琴韻流以花翻霞標建而鸞翥睇次公潁州之蓋海棠樓上月明留望班君河上之舟芙蓉溪邊星影動某操縵未能飲氷方始元禮之門伊邇深切依喬公孫之錦在前願言學製

候學道何絅卿先生啓

韓山東峙障百川以迴瀾文望西懸齊三峽而標極榛苓之頌永譽桃李之蹊忘言恭惟閣下豪傑無待

而興名世其間必有清和入聖允稱百世之師知覺先民自任天下之重蓋胸涵夫洞庭彭蠡湛如秋水徵波故峙乎磯石蓬山峻若蒼霞蔚起荆州堦前之士尺地皆可揚眉龍門座上之賓一御遂為增色某乏之牛刀之奏欲嘗謦以未能仰豹蔚之輝擬觀文而成化

候浙江喻撫軍啓

威清蠶國秋風寒錦水之濱幟靜虎林明月滿錢塘之路家世三蘇并著功名一范同傳恭惟閣下葩流河漢葉聳雲霄玉壘名高八代之文瞻斗金城略上

九夷之戴數天觀築海鯨銷烟清閩粤刀鳴倭胆落霜肅拘邪夜永香焚百丈泉流青比玉春光人醉六橋楊柳碧如綠膏流日本以東石勒天目之上在昔二大夫同心以後錦衣東越猶歌至今四先生入見以來雲氣西湖復起某力慚棨棁心凛氷淵借庇干尋有懷仰止引領三島常若飛來媿同江上黔驢無當鞭策慚乏會稽竹箭實切懸旌挖地而搶所望借之毛羽曝日以獻聊用貢其悃忱

復定遠田公祖候啓

皖國春深黄覇在州多集鳳渝城秋曉武侯入蜀并

稱龍不言而蹊已成勿剪而棠如在恭惟老公祖飲水為心茹芝作骨百子峰頭之月至今猶焰石門三巴江上之雲此日獨高銅柱蓋休文隻舫一郡無不稱神雖司馬龐眉中國知其復相某相扶雨轂莫挽吴下之舟遥溯霜簾時望欝林之石弓裘坐映知軾轍之有傳樓地迴分憶陳徐之對榻

壽周守道啓

文華特峙春風到處有管絃劍影雙懸兵氣銷時皆日月闕前霞紫海上峰青恭惟閣下道兼禮樂憲秉武文邦殿萬年佐聖人以富壽功成三錫歌長子之

師貞畫角起邊聲不減笙簧之韻鐃歌喧露布如
松竹之章麟兮一角元狩所以書年烏　三啣曼倩
因而得歲握虎韔于秩秩御此駉式燕喜于央央陳
其鯉膾某在泉如蒙于干初漸我鉞我斧快征東之
衮衣有紀有堂慶終南之壽考時人以方之管葛指
麾若定失蕭曹篋裡陰符便是養生之秘囊中黃石
何非渥顏之膏

候隆昌胡　又康學憲啓

蘭山江上露滋文苑之華蓉閣風前人挹諫軒之味
登龍隅面采藿傾心　恭惟台臺瑞應雲占心　存日捧

極湛深於亭草已聞揚之又玄落唾咳於槩花復見
李之能白斗并昌黎之北八代重興檄傳夔道而西
五丁冉鑿樓題後樂斷蘿懷天下之憂亭著惜陰運
甓奮雲門之翼海内久已望安石着屐以遊朝廷旦
晚用曹公趨裝而入清白譜内夙著質威詞賦壇中
競推軾過某有懷履視辛辱豐儀引領喬松欣入仁
賢之國薄言澗藻託于明信之將聊同縞帶之名盟
敢曰瓊瑶為報

請倪封翁侍御啓

郗氏鳳毛已繡東方之袞龐公鶴髮還聯南極之輝

叨既醉以來賓闕投醪而報德敬蠲穀日用迓軒車月滿蓬瀛人近三山之氣秋高梧竹詩賡十有之章

候巡道陳平人先生端午啓

朱明正耀風清射柳之營綠蔭方深日照傾葵之願在一陰初遇乎姤以杷含章而萬物相見于離有嘉迪吉恭惟閣下德麗方中台階符六睹招搖之指午清旭凝霄仰芷熛之絳天薰歌入瑟人如殿虎借虎艾以標威詩讀鳴鳩鳲鳩美而飲福鼓舞六軍奮勇爭傳奪幟競標撫綏兆姓迎休何必懸縷續命某久沐春風新逢夏令初成翦舌有符鸜鵒之聲政切書

丹猶見蟾蜍之字蒲莫陳其九節芹聊貢夫寸絲

回內江列紳公啟

上國多奇漸近芝蘭之室嘉賓有示遥賡笙瑟之章道德字頌五千言寸函山斗品題價增十萬户尺地雲天未受命而飲氷已兢欲執鞭而先驅在望恭惟台臺伯仲呂伊驅馳管葛詞壇立幟靡不搜琅笈而發酉藏治理蜚英所在勒歌鐘而垂鼎石譬諸入海棠之峽瓣瓣皆香儼若歷參井之躔煌煌并照白社峰前群似玉挹浣花之水以浣心赤松影裡仍留丹登籌邊之樓而籌國事其賢者争推澹臺之後何多

澹臺懷我好音常慮子賤而還難為子賤吾皖舊有
中江之號渡瞿塘吞雲夢無非承岷上之波瀾古昌
元本割内地之封仰華蕚俯葛陂彷彿舞威崖之羽
翼某方凜蚊負敢冀鶯遷啓槭如載峨月之孤清和
扣衷若逐巫雲以飛動五斗小草忐忑於自東自西
千尺喬松遊巡於或遠或近朝廷方倚司馬恐難久
洛下衣冠海内共仰伏龍何日受隆中指畫尚遲憲
檄之至容筮竭蹶以趨

初度回江油門人吴兩匡啓

晤言如昨別夢為縈愧兹馬齒漸加殊覺鷄肋寡味

東籬菊艷傲眼猶存西徑蒲姿衰容已近何當大年之祝乃辱十朋之臨投我瓊瑶心乎愛矣報之瓜李永為好焉

警後壽學道何絅卿先生啓

恭惟閣下德隆茂對體同日新目前風鶴之人情盡化金城鐵壁後兹陰霾之世界咸成甘露祥雲某控此斗大山城人無固志盖自安岳報破勢幾不支瀝血枕戈竊慕晉陽之守請兵措餉將盈山中之書真覺時事之難為未卜釋擔其何日道梗數月申候愆期兹將一芹之私用致九如之祝

壽熊方伯啓

真人之息御在玄闕長者之行施及龐谷當茲春風絃管好鳥笙簧黄扉紫閣之身趨朝指日赤松白石之賞于野同人争傳曼倩為星已見三千桃實常共歐陽偕樂偶聞六一泉香某欲捧霞觴桒碌碌戎馬場内遥分丹粒恒依依鷄犬爐邊薄展私情用祈戩穀

回瀘州馮鴻宗啓

蜀地羊腸之險非止道塗南來雁字之踈永懷鄉國恭逢老寅臺青箱維舊紫電方新先世祁昌竊幸比

于孔李金昆譜末又何減于范張昨者薄致匡私乃復辱以瑶報大言匡世彩筆驚筵彷彿會稽之書披雲而至珍重蘭亭之蹟什襲以藏

回内江繆湘芷啓

湖上清風曾荷披拂昌城德曜欣竊餘輝轄莫縶以情深席暫温而香在翹企老寅臺鳳威鸞鶱羽翮龍見已普文明木天非遥計日以待若不肖弟受事三年慚無寸善學山而畫固自安於培塿履地如蓁殊自苦其徽纆所幸芳鄰在望指授有依我輩以讀書一片肝腸入蠶叢九折道路非尋常聲氣可語蘭馨

況現在津梁寧隅衣帶

回隆昌周一勿啓

才搜二酉品粹連城鳳出穴以流輝九苞結彩龍在田而普德一躍為霖茲者幸接蓉疆香浮枳署庚家之玉穀相仰以為歲為天趙公之鶴琴獲附於同聲同氣溯洄白露所謂秋水伊人締盟青松坐聽春山好鳥

冬至壽康道臺啓

茘圃香浮迓鴻禧於晷測枳城春曉叶鳳律於雲璈履上考祥其旋元吉泰初道長如日方升恭惟閤下

澤物本之六經周身全乎四序作人如黍累在律分寸罔差濟世若葭管飛灰沉淪盡起值天心回於七日迺君子觴乎萬年綵益繡文鼓瑟咏周行之示疇增緹室升臺占漢史之祥傳景瑞於黃鍾淑候樽前夜半飄清芬於綠蕚仁風嶺上春先某感氣知温戴星恐懈譬之勺波投海幸漸遊於高深彷彿寸莛隨陽實有賴於長養屆兹亜歲競喜同章薄申芹曝之私聊效履襪之獻

回成都王畹仲郡伯啟

恭惟閣下文章系出韓歐韓弓治世推荀薜重為已

任懷四海之納溝清畏人知皎一簾之氷月芳聲二千石春動錦江名世五百年勲高玉壘在憲和之榻僅以對夫南陽而龍門之舟惟許同於有道茲者翰字忽傳三妙驚入瑯環函蓋知有二天何非雨露將見牛衣之士以元禮而定名慚非鶴立之群翹清獻而接踵蒙百朋之來錫謹九頓以還珠

素堂遺集

桐城光時亨含萬父著

策

興學育才策

竊聞建國君民教學為先然古之政教出於一則治令之政教出於二則亂嘗讀周禮一書以十二教之職隸之司徒而王政并以八政屬之是故宗伯掌禮祭菜肄三采齊肄夏凛乎禬禬祰嚴乎禘卜以禮教也司寇掌刑聽以五聲審以三反赤肺有石左右有移以刑教也司空掌土別之祈因詳之夷隩通恤養陽

塞墐養陰以土教也司馬掌兵受命於祖受成於學執禽在田獻馘在泮以兵教也其他大胥小胥典冠典枲醫卜場圃之吏何者非政又何者非教乎故曰周禮為運用天理爛熟之書知言哉國家自洪武二年立府州縣學八年立社學嗣後人文相蒸彬郁繼起曁我皇上聰明錫極興小學重德行有詔不啻放勲命官諄切矣而士習民風未盡式化者何與愚生以為虚文太盛也師儒太輕也興賢貢格太拘也夫取士於學猶求泉於谷也國初之訓先言行觀德次經術考業而後及於書算文章今天下户實杜陵之

麟篆家握長吉之蛇神於以敷雲繪漢有餘矣而於忠孝節義大旨茫無所窺欲以具盧楊之筆抒逢比之心能乎故曰虚文太盛也髙皇帝以宋訥為司成因學務煩殷甞畫工繪其像以覽盖崇儒重道若斯之甚也今學官惟取科貢而又多荒耄迂腐之士雖長吏鼻息仰之惟謹歲時自廾畫月課以外了無一發明經義開示性學之語為士子表率于是膠序之堂茂草可鞠而士骨士氣俱衰矣則胡不於郡邑大者慎擇行修名立之甲科使得與長吏上下其議論而入同諸司銓選則自愛者必重而愛人者亦必多

于以先猷章軌不有助乎故曰師儒太輕也黄祖一茂才耳高皇帝深加器重錫以多儀故逮其後遂有以儒士爲宰輔者矣今即有弘辭博學之彦而畢世不售則老於明經而教諭之賢者纔一作吏便以塞白簡之責已矣如此而望士奮於尊經官惕於恪職不亦難乎故曰興賢貢格太拘也誠即數者反之皆政之所出而又事事綜理周禮教化行則習俗一習俗一則治象醇正朝廷以正百官正百官以正萬民何不相感而恐以不肖玷盛朝之化哉然則有材藝極是尤有望於皇上之端本以求之者

知人官人策

人材之道當議而後用不當用而後議也當選而後官不當官而後選也今日之弊洵有如執事之所謂專舉其不知者夫士必以言奏以功試然則止言不可知乎夫功亦甚難知耳自唐虞三代詢事考言以後惟漢初賢良方正茂才明經之科其制近古厥後益以射策而晉唐宋互異也國家射策亦用漢法也書紀亦用晉法也詩賦亦用唐法也經義亦用宋法也惟漢初四科國初行之而其後漸失之也故夫天下不患無知人之明而患無盡其知之實糊名易書

誠暗索耳若考之典民社利病兵刑錢穀亦豈影響難知乎然而朱提所及則知及朱提所遺則知遺矣近貴所親則知親近貴所遠則知遠矣門戶所收則知收門戶所擯則知擯矣然則今亦止有利耳權耳朋黨耳而安得有知即自謂知群相知為知而亦始終此利也權也朋黨也夫外有計典內有察典懸魚誰則羊續卻金誰則關西忘私怨誰則祁奚薦人不欲知誰則婁師德內亦明知某也賢而白簡忽掛某也不肖而清譽忽騰則內亦不得已聽於外銓曹亦明知某也賢而舉朝曰不可某也不肖而舉朝曰可

於是銓曹又不得已聽於舉朝而能拔真才為皇上用者幾人哉然則天下非無言患言與言雜非無功患功與功淆其道奈何愚生以為莫若行内外兼察之典而申京官保舉之法外舉不當者則内并其舉者察之内舉不當者則外并其舉者察之京官保舉不當者則如其功罪治之皇上慎擇相臣相臣慎擇六部大臣六部大臣慎擇監司撫按監司撫按慎擇有司不牽資序不借情援前無墮甑後無腐薪言不欺而功不濫以稱知人官人庶可破安石之陋而救崔亮裴光庭之弊也

財用生節策

財生於天成於地開闢於人從未聞有不加賦而用足者以今日百費俱竭而欲詘桑孔之遺智行鄭當時劉晏之轉輸復國初宋禮等之濬導使漕河交利金粟互生譚何容易明問以為在生與節愚生亦以為在生與節也夫不生而議節是幕井而止汲也不節而議生是絶流而思源也天下之利無有不出於土田而其力無不取於農者古者元日祈穀后率六宮親授種稑君乃躬耕耤田駕倉龍秉紺轅以三推倡夫五推九推使農受以卒業是故迎貓為其能食

鼠也迎虎為其能食豕也周自平林鳥巽以貽來年其後豳風之章蚕績有獻狐豜有獻報農之成也自秦伐匈奴徵粟青淄迨漢歲轉山東之粟亦不過数十萬石至唐而沿河置倉傭出於官值取諸鹽宋汴船不入江江船不入汴遂創為海運其法漸備而東南之力耗於西北蓋已多矣説者謂西北耕地也東南耕人也夫西北之棗栗亦何减於東南之鹽蜃以井皆可井以屯皆可屯茶馬皆可茶馬亦顧開者如何耳我皇上深軫民瘼肇舉典耤躬自儉為天下倡其視刈唐麥而觀宋花何啻萬萬於此時而議開議

節愚生以為其權不在下而在上宋范鎮曰欲備契丹則當寬河西河北之民備靈夏則當寬關陝之民
天下則當寬天下之民今日何處不宜備則何民不宜寬者太僕水衡之費無可稍減乎上林材官之需無可稍汰乎邑佐郡貳之冗官無可稍裁乎奸胥之乾没　帥之濫冒無可稍清乎下以百人生不若上以一事生下以百人節不若上以一事節不然而終日言金言粟言漕言河其不為十羊之牧幾何

禦策

中國之始夷狄来則禦之去則勿追如周宣薄伐玁

犹至於太原是也無事則備之降則撫之如充國服先零而諸羌盡係屬國者是也漢之興也白登受圍其衰也反呼韓入朝蓋中國盛則夷狄亦盛中國衰則夷狄亦衰其常然也幸而值其朝何足隆漢治哉有李郭為將則回紇吐蕃無能以勝唐去韓岳之師則女真蒙古旋足以滅宋故國有人則重從古如是耳國家自西北用兵以来所以備奴者已久而款插者亦厚愚生請妄籌之今日之患不在插而終在亦不在　而終在中國也插雖大而最畏者惟一日在則插一日不敢逞故曰不在插而在　也

用我之叛臣用我之逃將我則敝而無失利焉故曰不在　而在中國也方　之始叛也議者謂我殺其父之無名失甚於董山而後予以龍虎大王之過當失又甚於李滿住也然則奴之逆亦我失制使然哉廣寧之失我自逃也城下之薄我自懈也東賊之附我自激之也不然　何能得志於我哉昔之策奴插者探其離合今之策　插者揣其去來夫我款插則　與離即不款插　亦與離大小之勢强弱之形也然　不來宜備插不來亦不可忘備豺貔之性鷹隼之疾也而所尤慮者始以四方備一　今以四方

備四方矣訌於東跳於西復偪於南豈有雕題鑿齒者乎固前日至馴至弱之吾民也然則今日之勢亦在寬賦養中國之民財緩刑養中國之民命脩德養和義養中國之民心而已維州之棄其同官之爭遂不解故外失一州者患小内增一敵國者患大耳不然長城之築萬世受利而二世蒙害其又何有於三受降城哉

禦寇策

民猶水也導之東則東導之西則西也以之禦寇則不足以爲爲寇則有餘也方今天下金甌全盛德震

武威而遁者流寇披猖騷入鄖襄江淮𧆞𧆞初議者謂小寇茲且寖大矣上慮陵寢次慮金陵三慮運道積三大慮而尚能怡然處此乎愚生以為寇之起有原則其止必有法也蓋賊始乎秦晉橫躙兩河使當其時以全力殲之可須臾定耳惟因循釀亂無以大創之於前而孔賊吴橋之變殘破登萊又有以示弱於後賊之横也固討賊者之過也賊號後十萬大都其為賊者十之一飢民蜂起附者十之九無可進退為其迫脅者又十之五其所至屠戮焚毁尚未敢久據城者猶有畏在也然賊不敢據城而能必城中守

自固乎無米固可炊無兵固可禦乎鄖襄之師能下流追賊江淮之師能上流遇賊乎郡邑守吏倉卒有能如虞翻張敞龔遂諸人者乎恐未易言也今日剪滅之事用速不用遲用決不用疑用獨斷不用牽制願皇上急下令曰爾赤子弄兵潢池義旗所指願民者聽願散者聽勅有司六年以前逋欠未杜者其悉蠲勿追地經荼毒者本年徵調諸項亦暫蠲勿追所在獄囚未登會決之錄者其悉止勿戮鄉大夫之老於家者責其出粟募民佐長吏固守有敢捐棄苟免者以失地論責鄖襄江淮之兵毋瞻望却顧盡力夾

擊斷其歸路而何處兵可遣何處餉可支速令部院諸臣確議郵傳毋待撫按奏請稽留滋蔓而宿重兵上流之地西保皖池東保淮揚復督開府大臣急勦滅勿緩其能克之而後可拾執事以爲冦大則勝冦小則安乎然未有不勝而能安者也請以質之籌兵與餉者

桐城光時亨含萬父著

條議

治賦莫先治地議

重慶府榮昌縣為治賦莫先治地治地莫先治人敬陳荒政要著以甦民困以裕軍需事竊照巴蜀山多田少地曠人稀年來積有逋租總緣荒畝計自奢酋亂後强半逃亡於是窮者賦不毛之田饔飧尚無可割豪者匿有田之賦飛詭習為固然排年户首輒代監追胥吏保家因為谿壑以故徵者愈急進者愈多

死徙不能復歸妻孥無堪再鬻豈不戀鄉井思丘墓無奈髓盡難支若欲貸牛種闢荆榛又慮舊糧相累半菽不飽四顧途窮今欲使人地心力之無遺似宜令豐凶完欠之有別揆厥積蠹是不一端如夫馬禁包當差然此輩承走必須熟慣歲多僉報惟任株連往往一役數幫攤派止憑頭目終歲重繭艱辛無復皮毛其弊始於不在公中定人刻單不經内衙照牌註役增減任意差遣不均又以迎候必期中途或一日或數日去去復來遲且開罪兼之傳銀不歸本邑按季支按歲支轉轉相屬遠則生奸屢奉有倒跕更

換之檄而未行或准以就近支給之例實較便也詭訟嚴禁止矣上臺俯理民枉兼恤民窮聽斷本之無私體念何所不至惟是若輩善於假籍并代假被告之籍睚眦報隙風影鳴冤甚至冒李以呼張假子而告父是以聞差輙多逃竄未解或斃囹圄迨訴者投詞告者反遁他鄉化而為盜為賊本地則已靡室靡家註銷出上臺之恩案懸實有司之罪或者實則嚴提被犯赴憲臺質詞詭則准請原告下州縣對簿似可奸究潛銷而上下兩便也又若襍項之多明為易知單而難知籍口惟正供而罔正歲歲派修城繕驛

照舊摧頹朝朝覈治器除兵依然脆弱糧冊造於計吏即借造冊釀奸違悞罪在經承反因問罪貫利膏血有限江河奚窮合無州縣各給印簿令歲註裁汰雜派幾何設法修理貯蓄幾何登報查盤廉賢者有所勸不嫌於矜能不肖者有可查莫敢以漁衆矣至如軍丁已絶而仍提報罷之文誰上里甲盡倒而承役編審之則難平自賤其身投獻以快所偬每輕其死縊溺而破人家凡此積害相因視之兵火更毒察其弊皆民散田荒之繇反其行實招移闢蕪之本而荒畝申報無據必邑邑親踹處處丈量蠲其逋租止

其苛比他有人者盡法招来無人者屬其族戚雖目前荒糧有免而日後開糧實多人或權緩急於屢年帶徵之間須下吏以畫一分數之準用一緩二暫縮常赢立見榛莽可還為膏腴仳離復睹有熙穰矣以上諸欵卑縣或行而未克竟或議而未敢詳畀位言高難辭懟率之咎漏舟思補或亦職業之宜為此具繇另謄書冊印封伏乞俯賜酌定并祈轉達照詳施行崇禎九年五月十九日申奉

本府批據申確悉地方利弊誠救時之要着也仰候詳行繳

兵巡上川東道陳批該縣條上荒政要着可謂洞及骨髓細於毫髮諸所指色當馬户假籍拖訟種種皆能使民貧逃而給州縣印簿使其歲註所裁雜派亦甦貧返逋之一策也軍丁已絶而未報罷里甲已倒而不勾減此普天同病至鬻身報忿溺縊賴人則又川俗小氓之最蚩蚩者矣讀之心惻至踏荒蠲租招耕以補目前之逋額此該縣一力擔當乃可若夫用一緩二明示帶徵從薄恐此時軍興賦急不能行此嘉論也驛中夫馬直送至縣不至中途勒過致生競端停候返誤致生罪端此最目擊宜行之議傳銀在

府一旦欲歸該縣恐府中莬庫之吏即睊睊相阻法非不善須先説明以求其至當也本道稍暇即轉詳此數事以明該縣之苦心

分守川東道周批據議具見經濟一班非實心留意民瘼者未易及此也候院司詳示行繳

治賦先清其原議

重慶府榮昌縣兼署永川縣印務知縣為治賦先清其源更端必究其憲仰祈憲檄申飭以責成功事竊照卑縣兼攝永篆永之逋賦較榮為更甚榛莽遍地半皆黄烏之吟鞭扑交加徒有蒼鷹之怨排保以挨

比為得計限而再限止倩無賴以代桁楊豪猾以詭
避為良謀年復一年寧虧正供以應襍派甲小而倒
者里長交撑甚難里大而曠者排年奔走莫遍又復
收户慣用墨票花户未見登經任意侵欺莫從稽覈
是以額賦將近肆萬歷年納輸不過陸分夫生財必
有源而畋綋須有法荒畝不清即不荒者皆以荒為
飾辭也倒甲不補即不倒者皆借倒為口實也阜縣
之議竊以為徵夙逋不若清荒畝免其荒以責其不
荒少之而實以多勤比較不若均里甲補其倒以責
其不倒裒之而轉以益此二者阜縣在榮已經中詳

兩院蒙允今攝永邑并欲舉行然代庖之官爲時甚
暫事本平易反駭非常且錢糧宿負甚多荒田欲墾
畏避必奉憲檄人始樂從今除已經分委職官自携
飲饌下鄉丈量以聽職自行抽文并出示均甲頒給
合同印帖徵收以草墨帖其一應雜派非印票不許
應承外謹將各年完欠數目并委丈荒田官員人役
八九二年排保押差姓名應裁補不均里甲分造簡
明四冊連榮昌者一并賫報伏乞電照來冊里甲應
均者不許勢豪青衿阻撓荒田已丈者必着本人族
戚開墾排保差役許不時報其玩違委丈官負許事

竣獎其勞勸嚴墨票收銀之戒禁雜無名之徵庶碩鼠可驅驚鴻乃定且滎昌逋糧各姓曾經申報者今亦稍稍急公故知下吏經年之追呼不及上臺提究之一語況有冊在先無難執法以稽目下修城繕器固亟而此則尤為根本之圖矣為此合具詳縣另謄書冊印封申乞照詳定奪施行崇禎九年十二月二十二日申奉

本府署成刑府葛批清荒畝補廢甲禁墨帖嚴豪橫處處精查事事釐剔則奸人無所借口實而朝廷數萬金錢可永永免逋賦矣但非常之原黎民懼焉以

該縣一片熱腸徹底精神做去將良者知勸奸者知
儆有誰勢豪學霸抗此良法足意者乎驅碩鼠而空
驚鴻端在今日更新之念惟加意舉行候院司道詳
行繳
順慶府推官俞批核荒畝補倒甲所以清逋賦之源
美意良法備是矣但於中不無倚勢阻撓且奸民亂
胥又或成熟而指為拋荒地負而借口倒甲該縣須
嚴查斥名具報以便提究仍候院道詳示行繳
帶管分守川東道右布政使史批均里甲墾荒田懲
惰窳獎勞勸禁墨票免雜派親民之實政有急于此

数條者乎非務本之君子不能力行仍候院司詳示
繳
撫院王批據詳永川六七八九等年民欠錢糧共有
七萬餘兩不勝駭異豈盡皆荒蕪所致哉有司闒茸
無為迨今查覈已晚徒令人太息耳地方既藉口荒
逃不得不先從招墾滎昌已允行有效矣永川何獨
不然仰縣即着實舉行將令詳及批示曉諭通知如
有阻撓玩違者不論士民俱指名申究各冊存查繳
按院陳批清丈荒田此清逋賦之本該縣精心可嘉
而分官吏人等該縣酌量旌奬還通詳守道通照此

此法申飭檄

鄉兵議

重慶府榮昌縣為團練鄉兵事照得鄉兵之設寓兵於農古之制也有藉野衛城之功無以民養兵之費惟是人衆難萃法久易弛畏民以畏調為辭奸民以阻遠梗化尋常渙散不知以國視家臨警驚逃惟有以身予敵地方破敗職此之繇夫鄉民而加以兵之名則懼鄉兵而加以調用之名則愈懼必釋其懼心而後可得其死力且國家原為民設兵為鄉建城何忍令民反疲於兵爭鄉反困於城守今欲為團練計

與其集衆於邑舍耒耜而操戈矛不若糾衆於野即耰鋤以兼劍戟與其抽五拔十簡閱一方不若隨地除戎捍衛各處然而行此有五法焉簽頭目甲長以嚴督率法一設塘報巡視以偵往來法二編旗幟置金鼓以一耳目辨進退法三定操期明賞罰以示鼓舞法四相形勝立溝壘以備戰守法五五法備而於中教之方勇使各鄉練習家家皆虎賁兎罝處處皆金城鐵壁内之奸民不得出外勾引外之細作不得潛入竊發將盜賊聞風胆喪境自肅清不惟賊来可禦且可使賊不生是不煩調而功更勝調用者數倍

今卑職遵奉明文親歷鄉井建立三十營分布頭目每營設大旗一金鼓各二面視人數多寡編立百總甲長另設高招一巡視二塘報二各執五色旗為號其衆兵俱用腦色綿絮或紅毡披掛器械以白桿長鎗為主弓弩刀銃相為參錯共計頭目一百六十二名生員領袖一十八名在内統計實練過鄉兵共四千二百八十名各營立一印簿註定春夏秋耕斂之際每月於本營依期一操冬餘空隙每月於本營依期三操似從前脆弱稍稍鼓壯而於農事仍無妨礙但恐中多頑梗勉强入伍者不聽頭目提調又恐奸

徒倡為調用之説以離群情則法難以久行不敝仰
期憲諭申飭明示鄉兵止於各鄉自相保聚禦暴止
亂有不受約束者許頭目赴縣禀究庶人心固教令
行而地方永有裨益矣為此具繇另謄書冊印封縣
司申乞照詳施行崇禎十一年四月初三日申奉
撫院傅批各郡邑團練鄉兵大都有名無實該縣得
兵四千二百有奇且金鼓旗幟腦色綿甲長短器仗
皆備何其易也俟農隙委官閲視如果有成効當據
實上聞該縣留心練之此繳
按院梁批仰如議行繳

守道史批仰府速查申飭繳

巡道康批當此養兵無術客兵難留之時使人自為戰家自為守之術甚是得力 如議申嚴團練仍候院詳行繳

本府批據詳團集鄉勇分別隊伍聽各領袖統束依期操演以固保障倘有不受約束者指名申報定以軍法拿究仍出示曉諭仰縣一一遵照行繳

本府刑廳徐批仰候院道詳示行繳

釐弊安民伐謀制敵六議

重慶府榮昌縣為釐弊安民伐謀制敵以酌裒益之

大端以救兵荒之急務事竊惟國所取於民在用其財用其力用其死命此三者經世之典闕一不能也故周官一書食貨為先三征之法力役為苦軍國之事兵戎為大其在今日民先患饑寒則財竭次患奔走則力困最患寇盜焚戮播遷則生死罔恤夫未有民無財無力無以為生而國可制勝者先正所謂科差一日重於一日軍民一年貧於一年今之謂也其說不止宜急講於蜀蜀亦不止宜急講於滎然卑職在蜀言蜀在滎言滎李夢陽云元氣之病在不喜人言不喜人直今蒙憲台開誠布公面諭條悉地方利

病卑職亦何敢不罄竭芻蕘以備採酌則請舉其急
務約略陳之
令開
一曰平糴
管子有言物多則賤少則貴魏相李悝亦云糴甚貴
傷人甚賤傷農今蜀地山多田少無大賈無當商縣
治不濱水者難於轉輸歲豐穀價患太賤遇兵荒又
患太貴計職蒞任以來幸稍有年穀而價每石常不
及一錢五六分甚至有一錢二三分者每遇吉凶大
禮錢糧催徵商人勢家乘其所急索息亡慮十倍故

民易貧賦易逋弊原於此夫有積輕其役勢必有積重如近日被冦地方斗米數錢已為明徵職竊以為宜略仿漢常平之倉晉通糴之詔宋元嘉中平價之議每穀一石定價二錢五分雖極貴不得逾三錢極賤不得減二錢如有奸人射利挾制窮民者商賈逐令出境勢家聽叅庶民喜力耕日用可裕而租賦易完矣伏候裁奪

一曰酌用錢法

錢幣之壞至今日無式極矣其害莫甚於小錢小錢繇於私鑄今欲行官錢必先禁私鑄然屢行申飭不

止者以小錢既在民間驟禁之将安歸奪其生計而
予以絶路勢且滋亂卑職以為今日錢法不權其流
而遽能清其源者未之有也周大夫單旗曰古者量
資幣權輕重以救民民患輕則為之作重幣以行之
於是有母權子而行民皆得為若不堪重則多作輕
而行之亦不廢重於是有子權母而行今政民患幣
輕之日也卑縣四道交衝尤多私販雖執之不勝執
而錢價日低計崇禎八年内每錢一千猶值銀四錢
今且不及三錢窮民以穀豆易錢則穀豆賤錢貴以
錢易銀則錢賤銀貴納糧必用銀每錢三千餘尚不

能登銀一兩其實所賣穀豆則已竭中人半歲之力
矣其何以堪嘗考北齊文襄王議以錢名五銖名須
稱實宜秤錢一文重五銖者聽入市州鎮郡縣之市
各置二秤今宜略彷其議每郡縣各須官錢一百文
定其銀數令州縣照此錢銖兩置秤戥稱之懸錢至
兩至斤輕重如一凡民間小錢不計数目但計分兩
或二百文或三百文毋論參差不等但如官錢一百
文之重者則銀数如之行此而人知販易小錢無所
加於大錢之利勢必貿大置小又令銅局有以小錢
入局者亦秤而買之則小錢將漸變而為銅輕錢將

漸變而為重錢私鑄自良公鑄自行矣伏候裁奪

一曰恤馬遞鋪兵

查會典嘉靖十年令凡公差人員若有違例索取及沿河吹打響器騷擾驛遞該地方官即便擒拿奏聞處治又十七年議准經過大小使臣撥給應得夫馬俱要一程遞送一程不許中途使接使臣如此差役可知祖宗體恤苦役如此其周且至也乃良法漸遠至今驛遞之苦迨不忍言屢奉明文優恤而尚未沐實惠者蓋亦有原馬洗票之弊甚於多索以為票假則印真以為票非則差是繇差歸銷號而銷票多未

亦有繳正票而不繳號票故印票尚留其手似宜從
今年起令各差回號即将原票硃註銷字立碎之則
弊端永絕枉道之擾等於洗票凡馳驛憲牌定詳註
驛名惟火牌信票若非各州縣坐催事件多註起止
於中東西南北惟意之行似宜各票亦将驛名逐一
填註或往返或繇此往而彼返或繇水往而陸返期
不惟路程不可那移且所至州縣倘有違悞者亦可
逐程稽查越站之弊甚於枉道各州縣原立有禁約
凡越馬一匹者罰數倍馬價甚至結訟無休似宜令
各差不得以需索不如意借稱换馬稽延越騎過站

則馬不致瘦損而鄰邑馬頭不致搆釁至於鋪兵日止用以遞公文夜止用以傳火把今幇轎拽縴無所不至且各差役令打傘背包甚且索其雞酒不得則鞭撻之縶勒之即老婦穉兒亦復如是以視奴隸犬馬猶不若又强令過站霸其旗鑼剝其衣帽暑則重鎖冬則赤身計一站磨累數人則百站磨累數百人嗟乎此孰非窮黎赤子不得已而應役者遂忍凌辱驅偪至此極何怪倒站逃亡所在比比侵假而半化為溝壑瘠半化為綠林哉今似宜通行嚴禁百官司幇轎打傘自有民壯執事其差舍概不得用傘鑼并

背包索錢過站等事每驛須一印示厥窮役稍可甦
生而道途始少怨嗟也伏候裁奪

一曰預定勦禦

蜀之所患者不止流寇也首土夷次巨盜在今日則
寇為甚夔劍稱天險何遂如入無人大約賊衝突飄
忽速我之塘報文移或半月一月始達反用遲賊間
諜奸細出入皆有暗號用蜜我之偵探未往返而衆
先知反用踈賊每乘夜造飯令至萬衆齊驅用合我
之調援觀望推諉反用分賊聲東擊西牽此制彼出
有間道逌有虛營用奇我畫界而守計程而趨將士

藉調徵為名雖交臂遇賊舍而不問反不善用正然
則計將奈何職曾見楊大司馬區畫中原各省協勦
之疏今似宜於各省亦仿行之先將各鎮道分布隘
口某地有警則某地客兵其監軍鎮將即同協禦亦
先發師而後報文兩院用速用密用合用奇更宜出
賊之所不測而後可以制勝據蜀形勢北距秦之漢
中東距楚之歸州巴東南距黔之烏江赤水西則番
族為界東西較廣南北較縮大約今日賊所必經之
路小則江油大則昭劍寧羌神宣等處在在宜防在
在宜講協禦其在川東則榮昌舊州治海棠埧為全

蜀之中四道之界其地無險可據去各隘之兵皆遠
不得不議守禦法也伏候裁奪
一曰州縣合擊
國朝之法莫嚴城守然流寇上長掠野所經城有破
者之備耳計賊無不馬馬無不重載所載金寶多糗
糧少以數萬騎頓於城下安所得食久持其必分掠
村落者勢固然也四野生靈視城内孰多貯蓄孰廣
今但畏功令森嚴各自閉門擐守弗敢出城一步此
賊益得肆焚殺無忌野墟城空將焉用之閲通紀見
南贛巡撫王守仁解安慶宸濠之圍所命將帥即皆

郡縣長吏逆濠以擒今似亦宜彷此意分別酌行之視其城之堅瑕民之强脆兵之虛實官之能否佐貳之多寡其有力可内防并堪外禦者不論正印佐領襍流令其分率官民兵或千計或數百計關會各州縣有膽識者同赴監軍堵禦以壯聲援一道行之各道必皆鼓奮審如是又何慮賊哉伏候裁奪

一曰破賊馬陣

步騎之不相敵也從来中國之患夷在此今流寇亦然然制敵之法知己知彼審彼長技所在豈可無所以克之如劉錡之竹筒煑豆岳武穆之搪牌句刀本

朝李賢之所謂火鎗皆以破馬用無不效今我朝恃
惟銃本第一勝技但欲脚跟站定令馬不能衝而銃
可穩用必隨地制宜多方為禦馬之具如大小車鹿
角柞三义木樁繩釘牌釘板大陷小陷鐵蒺藜大小
鉤釘獅虎頭牌等項恐缺一不可伏候裁奪
以上數款皆權其所急粗淺膚論然在今日窮民恤
一事則受一事之惠軍政講一務則獲一務之利倘
中可採伏望憲台之詳擇焉至於鄉兵團練分布三
十營以自衞衞城邑彷洪武戊戌年立管領民兵萬
户府之餘法另開冊詳請其調用官兵於發哨之先

預報年貌實數務令所申兵巡道監軍本院三册相
合不致臨期造册僱募虛冒又行兵各備刀斗夜以
擊巡日以備炊不令所至索鍋騷擾葉蒙憲台鈞諭
先經飭行至於面陳踏丈荒田免舊納新均平里甲
裁多補寡清查絶軍産變價令州縣印官自行造册
不得以佃種承買軍田者聽衛官揑造繼丁被清勾
磨累等事已經通詳前院在卷不敢復贅所有條議
六欵合行申齎為此具繇另謄書册印封伏乞照詳
施行崇禎十一年五月初二日申奉
撫院傅批該縣所陳六欵庶幾有用之文章本院當

采擇次第行之惟是穀價不可定而常平倉之法可行獨患無糴本耳該縣可講求以告踏丈荒田等事再補詳來此繳

按院梁批據詳六款足剔積弊以極時艱而剿禦尤見猷略仰力行圖效毋托空言繳

積貯議

重慶府滎昌縣為積貯天下之大命常平古今之通宜敬陳末議以備採酌事本年四月内職遵奉憲台面諭條悉地方利弊蒙批該縣所陳六款庶幾有用之文章本院將採擇次第行之惟穀價不可定而常

平之法可行獨患無糴本耳該縣可講求以告踏丈荒田等項再補詳來此繳等因除踏丈荒糧等項另詳外敢以常平倉之法謬出膚見約略陳之嘗考常平之制歷漢隋唐宋諸賢持議不一而行之有効有不効有久有不久良以其初難于官出糴本而其後勢必取息於原穀之内以償其本奉行者鮮良有司有司奸胥因得以伺上之意乘民之饑輕重其手故胡致堂謂文移反覆給致艱阻其受患者止於近郭而不能給遠朱晦菴謂吏之避事畏法者視民之殍而不肯發累數十年莫一訾省迨至發日則已化為

浮埃聚壤而不可食矣此古今儲積通弊之大端也
職以為今日欲議積儲在去其虛名而予以實惠散
其獨局而普以公庾計城郭者四方之本必城郭實
而後人心安野多藏而後城郭實近日奉文勸諭紳
衿富民捐穀入官於舉誠為義然捐於官而官那為
別用將捐者不勝捐其後欲求一人之捐也或寡矣
奪之厚利而被之空名即賢者猶或却步以故紳衿
富民之穀皆積城外脱有緩急閉城雖紳衿富民之
家搬運莫及無以自食况能分以食人彼廛市遊子
擔負之徒知城内無穀可恃欲不相幸而倡逃能乎

即紳衿富民鄉野所積以爲盈囷易耗而金錢可久悉多糶出其所留尚莫支終歲一遇兵荒巨室大家封騰自固其小民境内無可糴買將仰食於境外之粟斗米倍值至窮乏者惟有感飛鴻嗟碩鼠流移出境以謀朝夕而已矣嗟乎食者困於内耕者流於外於是野空而城亦爲孤此其𤔡也職崇禎九年内曾條議申請院司道府積穀之法以爲積於公不若積於私但令紳衿富民各置倉厫城内運穀實之登報穀數在官每歲官稽其數而推陳出新貯穀之家仍自取其利官不得問有警則報官開倉而分其餘粒

以及市井之窮亡賴者平時約計城内倉廒幾何穀幾何則有司胷中預定主張而人心有所恃以不恐其於紳衿富民毫無所預於是群以為可置廒拾餘報穀二千六百石昨因寇警不得已支食自歲積外先從衛役義穀詳請開銷六百餘石者即此穀也其議續經銅梁殷知縣覆詳蒙前院陳批發通行在卷然猶有掛数登簿而穀未盡入倉者以州縣權輕其簿未奉上臺印信故也倘憲台俯採末議或者各州縣頒一印簿令城内紳衿富民自為登報貯蓄穀数而註定無事之歲官但稽查止期每歲所積如原報

數不責以加增亦不那以他用則衆必響應而城中可無空虚之慮即推此意四鄉亦發一印簿令饒裕者照此登報自積每於穀價騰貴時官出示開倉以令饑民糴食總期境内多貯不致利盡歸於商賈而匱乏之害獨貽於百姓其價與利官亦不得問此則不煩糴本又民自相流通不假胥吏之手亦無所低昂其間䕏幾周官耕一餘三耕三餘九之遺意抑職於此更有説馬錢糧從起解外存留倉口多係民兵夫馬舖兵孤貧等項工食所需每歲按季支給亦定難少或者每糧一石許小民納本色穀幾斗折銀幾

分以入存留倉内則小民易於輸納而按季支散工
食即以穀折銀支於賤時收貴時散視各役等嗷嗷
待哺之際支給照市價亦量減一二分以令赴倉領
食衆必樂就而每年可起息穀數百石以入歲積倉
内是亦官民兩利之一術也至於原報紳衿冩民衙
役其穀數二千六百石惟衙役所積以募兵守城動
支六百二十九石九斗五升二合餘皆入簿未動今
止期一實数入倉以備不虞可不煩另掛其有好義
願再掛者聽則庶於職初識始終不悖原係奉文講
求事理合行具緜另謄書冊印封伏乞照詳施行崇

禎十一年五月二十日申奉
撫院傳批該縣積穀之法及存留倉口酌徵本色之
議俱善候另徵通行此繳

荒田議

重慶府榮昌縣為兵食有相因之勢損益無一定之
規謹開陳大端以清賦原以實軍伍事崇禎十一年
四月内職仰遵憲諭條議六款猥蒙俯加採擇内奉
批踏丈荒田等項再補詳來茲敢復覼縷陳之竊聞
古者量地而立國計利而蓄民度人力而授事故漢
鼂錯有言民貧生於不足不足生於不農不農生於

地著而離鄉輕家不能禁也今蜀中大弊首在荒田計通省之田山據其半厥土高磽待澤於天少塘陂桔槔之利所患土夷强而民弱民又喙强而膽弱負氣鮮和嗜利忘義數十年屢經播亂奢亂水藺亂寇亂被焚掠者遂避賦如讐捐家若屣其豪猾之徒游手他鄉挾毆差詐吏之故知以詭訟起以盜賊終要每歲催徵相習喜於奉差墨票而不奉正供其財力膏髓半竭於口糧雜派之中半竭於囹圄桎梏之下朝貸一金暮倍其息無可酬以則牛種償之妻子償之身償之身有所窟而所以魚肉他人者亦如之臨

比荒穰莫辨株連鄰佑族黨於是蕪者報荒熟者亦報荒荒者行逃為荒累者亦行逃郡縣又因陞遷靡常以署為郵而莫習察於中多在掣肘亦將束手畏氣坐視田蕪民逃而莫可誰何矣崇禎八年内奉詔令天下有司勸民開荒免開後雜差三年有司賢否以開荒多寡為殿最職履任以來惓惓務此携饌單騎躬親閭畝踏丈約計實荒田地千石有餘甚至退田原主而不領價原主又堅不受聚訟無休盖以地界四衝奸民稍一移步即屬隔道而先年奢囚頭目樊龍樊虎即禁之人以故焚戮獨慘荒獨甚職多方

招墾臨比分别荒蕪免其懲責正以縣治凋疲人少至今開甫及半舉滎而各州縣荒逋亦略概見矣為今日計竊計招墾之法須如周官所謂驅游惰而農令各郡不得停留異籍悉驅令復業有不復業者罷之又蜀中梵刹最多此輩不耕而食無食而謀亂似應令荒田近寺觀者計僧多寡酌令開墾即韓昌黎所謂廬其居人其人意亦彷彿又至道三年陳靖有言一户歸業朝耕尺寸之田暮入差徭之籍追胥責問故浮蕩絶意歸耕似宜遵奉明旨凡開荒者免雜差三年先行册報兩院移會藩司而為實荒逋賦者

稍寛有司之參罰又於中懸立賞格凡士民開荒十石以上者令郡縣給匾開三十石以上者會題授以冠帶則人皆盡力土田然使第一縣行之奸徒游僧輩又将以他縣為抗避文移之數如令各縣通行即逃者無以復往歸者不得不耕雖効難立見而賦可漸增以視追比愈繁而民愈逋功過半矣次在均甲仁政必先經界貧窮患不均安古之制也漢儒董仲舒有限民名田之議其法近古井田惜格不能行故後益成觭重觭輕之勢今蜀大患莫如里甲不均凡錢糧催徵必里户為排年里户之輸値當年為收頭

而以甲帮里於中積漸消磨丁少糧乏甚至有里甲倒竄人不滿数丁糧不滿数石者每年經收解錠若于幫貼磨累百端其人衆糧多者又相習為飛詭凡買田過割皆争入大里大甲以便藏奸故排保催徵易於閃避鎖鑽者在廷酣歌者在野且復負嵎莫攖毆差役而及告差役於是户吏拘提自拘提有司叅罰自叅罰而逋欠者袖手旁觀竟同化外此以求國課足額何繇也夲朝唐龍曾疏均田役其説奸民賄買里書以飛派見在人户為活洒以暗藏逃絶户内為死寄以花分子户不落户限為畸零帶管以留在

賣戶全不過割或過割一二為包納以過割不歸本戶有推無收有總無撒為懸掛掏回以暗襲京官方面科第脚色為寄庄虛揑紙上貽害靡窮因之戶口耗盜賊生獄訟繁皆繇於此至哉此議真古今不易也職在滎崇禎九年詳請均糧計每一甲以糧八十石為率後於十年署永亦引倒覆詳永賦較多每一甲以糧一百四十石為率酌其地里遠近以相勾搭雖間有贏縮不等然大約不甚懸殊經收解錠靡有偏枯而排保易於催督民頗便之惟是奸徒無所藏其詭弊平定之後每每計圖歸回思撓成法此必求

上臺須定遵行約計十年一均庶法為可久而奸黨不復生異議窮民永受利益矣次在勾軍國初洪永年間編立版籍各户首係軍者半爾時民多投戈而起以從戎為功洪永而後率多遣發之軍而遣發復有終身與永遠之異此軍但入軍册不入户册故三項易於混淆滔流既久子姓乏絶田産轉賣於是軍册有即以買田之人為繼丁者又或有以佃種之人為繼丁者及查絶軍變價田多而腴者每匿其田而不變或隱其價而不解田少而荒者欲變則無受主欲開則畏軍差又畏宿逋舊糧歲奉清勾則買田佃

田者豈甘當軍户子孫百計派幇以謝差票窮者鬻妻女逃他鄉即来勾者意不在得軍而在得錢故勾提百軍補伍而應役不滿十之一二即不得已往應者旋復逃歸歸而再勾勾而再幇當之者膏髓已盡而株連猶不能止故職謂未勾一軍而反失数民其勢然也揆厥積弊繇於軍册各州縣清戎廳承造多稽查未確但於堂官請印兵吏習以為常今欲清正必將軍册皆責令州縣正印官徹底清查果有現在軍丁不許藉名隱占於實絶無丁無産者免勾無丁有産者變價則庶不波累擾害查會典弘治三年奏

准凡官軍軍丁有將軍户内弟侄子孫過房與人或官豪勢要和買改易姓名者不分久近許其贖取歸宗聽繼無得占恡其誘買各邊軍丁者發極邊充軍正德十年奏准凡有軍户通同里書官旗人等隱瞞壯丁故將幼丁紀録躲避差役者許自首免罪萬歷元年奏准凡清軍御史務督清軍官將應解軍丁查與軍册相合嚴行勾解其挨無名籍及丁盡户絶經勘五次以上及義男女壻與用借承買軍産人等不得一槩溷勾夫以嚴禁隱占軍丁之令如此以許自首免罪又不得一概溷勾之仁如彼則籍内可無欺

隐之奸而籍外可免株連之累職於九年内曾經通詳續奉按察司帶管驛道傳施移文通行以後勾軍者皆於驛傳道掛號其來有自衛所未掛道號者不准發行於是勾軍之役少十之三倘再將軍冊先行核造以免丁産絶者波及之累則屯政漸清軍伍漸實而民生漸有安堵矣以上三欵踵而習之皆為亂藪反而行之視乎治人故謂勢有相因而規無一定其神明變通總在上臺獨裁主持職謬效蒭蕘實為不揣蠡測也原係奉文補詳事理合行造冊申齎縣司申乞照詳施行崇禎十一年五月二十一日申奉

撫院傅批開荒均甲勾軍三款說弊極詳立法亦善
該縣胸中確有捄時良籌本院爲之心折勾軍一款
既見施行均甲一款即當申飭該縣清查遇荒地若
干開適若干得糧若干仰據實報来以憑優奬此繳

素堂遺稿

桐城光時亨含萬父著

詩

六吁歌

嗟海之濶兮波相續兮魚在陸兮吁
嫫母夢魅鬼相嬉兮西施夢月華相趨兮吁
花哂蝶兮癡空香月哂影兮夜靡常吁
羣鮪漫漫兮神龍之嬌輸兮吁
鵂鶹晝出飛飛兮自嶐嶁為高泰山夷吁
以字飯牛兮牛不肥以文化鱷兮鱷不移吁

觀泗泉

靈泉沃幽石芳碧紛可采七十二泉聲聲聲如飛琲羣木變寒秀盪影徐與匯聽之各一心近遠隨所在悟者得静止深坐自淵灌微雲寫虚崖蒼流無停涴涓涓去何窮陪尾未有改灝氣注混濛大力收河海不見川工人曠然遂千載

浩歌

有劍手中血鵜鶘有膽欲張横昆吾男兒碌碌罕所殊老大空自羞頭顱世情索譽走千途柔骨相牽如轆轤笙簧五典但廓郛珠玉三墳亦

粃粰大儒小儒何所趋無數英雄半模糊生平服膺留侯武侯兩丈夫納履鞠躬心無麤我拜黄石黄石祖聞説西蜀八陣猶有圖可得見之風雨爭瘦馬凌霜怒疾驅片雲東海垂四隅浩浩造化誰與俱誰與俱將飲月支腩單于魚腸吼鳴未曾枯

山居雜詠

高齋有餘閒牙軸滿床積棼香憶古人讀書深幾尺

乍雨鳥歌歇飛雲葉底藏須臾來日色依舊唤

清光
鑿池通山泉流水何朝暮因風蘋藻開中見明
月路
掃石待雲興留葉安鳥步花香何處生開落渾
忘數
嘗愛王摩詰前身說畫師每逢雲起夜如對輞
川詩
雲興乍見山風至一垂篙招鶴還庭前聽雨鳴
松閣
梧竹影交加幽事無趋避一池芙蓉香鴛鴦得

深睡

素堂紀懷

戶外蒼莽積翠通,饑飡明月立宵中。文章別有青山價,却訝昌黎說送窮。

題詩聞說善窮人,豈識人窮詩更真。採菊山頭彭澤老,浣花村裡杜陵春。

一亭蕉影月黄昏,問字人來鶴在門。草罷練裙登竹閣,繙書却到飯王孫。

初入山

纔識青山意安居,學養生世情難徧。問吾道有

孤鳴一夜桐花落数彈焦尾聲庭前流水碧自爾絶逢迎

静廉居偕客

環室疎林秀　中流水閘為文討鼠黠榻字學鵞群對客茶瓜簡到窗竹樹分旹深鶴步穩刷羽自慇勤

皚園初構

來往多雲氣一林天四垂書楼山左右鳥路石支持煮茗遲高士焚香凛獨知澄懷何所極澹月寫秋湄

小齋紀事

幽事一何盡高林烟出遲圃花有次第案牘恐參差討論山消息婆娑鶴羽儀撩人清影絶宛轉愜予私

皚園曉起

林園經雨後剝啄變禽音纔罷素書讀因思秋水吟吞花聊浣骨種竹尚關心衣露無聲濕幽香恣所尋

月闌獨坐

園小得匡坐無人覺自幽護花多購石碍竹欲

移樓榻靜常隨月詩寒可敵秋蒼苔深徑裡落葉至今留

食蓮

採秋須採香食蓮須食心食心勿云苦幽香正耐尋

雪中酌客

寒雲片夕飛開樽一對客積雪滿床頭照此肝腸白

漫吟

陶峴三舟半載客道林一鶴獨隨身空山歲月

深如許惟有雲烟紀未真

米南宮石文

尋常無下拜石嗜豈全顛山水心中事烟雲袖裡天

喜得米南宮千山鳥飛絶五言墨蹟

霜縑何自傳落筆想安定宛轉一幅中千山與萬徑

西山碧雲寺留宴萬公房

靈山如靜友攝坐理清心　向壁審泉氣隅林歸鳥音竹樓樓影暗松徑落陰深咫尺帝城近登

高星漢臨

香山寺恭對宸翰

疇昔宸遊處蒼茫積翠臨雲衣帝子席香滿侍

臣簪絶壑開殊焰高林森衆音盛時同樂意捫

蘚一長吟

送顔壯其奉命册封楚藩

後代所讀古文辭當時作者偶然思奈何隻字

遂千古决有深情匪衆知顔子挾策兼群雋立

説陳立邁等夷作賦十年不輟手上書萬卷中

無欺天子嘉之曰良士自言浩浩靡他奇貴來

守心猶貧賤逢人木訥如關疑釋褐陳情豈偃息此出桐封慰恩私立身大節君親并經世文章日月垂兩載逢君不數次嗔喜一切空心眉世所競兮君所癡君所癡兮余所師吁嗟乎君去洞庭余何之

皖上冠警感羽文家弟自鄉來從并隨北上

燕市亦云遠更難江上行辭家來皖國佐我射聊城烏陣千旗暗狼銷片月清寶刀于以贈從此念輕生

為黃位兩父母自望江調繁懷邑

擊楫風吹書畫舟棠甘兩地接清謳素心嚼月三江冷壯氣橫雲百子秋旟旐維魚來牧夢中林歌鬼起公侯潢池不必頻飛羽早有夷吾在上流

為史道鄰公祖臨皖

單車如砥式周行畫戟森森照肅霜楊柳曉依江水白芙蓉秋靜海天蒼人如威鳳翔丹穴詩讀鳴鳲歌繡裳目下三秦須櫢定肯將刀劍輟耕桑

長安七夕

人靜日之夕鴉飛月帶蒼玉溝聞水急銀漢有雲翔想像雙橋合徘徊一縷長世間巧已極猶復乞天章

經歲作何想昨宵願尚違鵲勞吞露葉夢穩藉支機一夜幽香落六宫秋影肥吹笙何處至深坐念清輝

讀漢史

手提尺劍起風雷四百河山馬上來法守三章歸長者威行七縱續麟臺留侯善病武侯卧白

帝銷魂望帝開不盡炎靈相首尾至今誰似漢官才

月夜同曾子家飲李唐谷年兄見壁間有慕橋札之句其從名大雅小雅中雅侍觴酌焉

古道知誰復高懷僑杜存論文常我法通籍并君恩醉月飛三雅盟心敦一言折衝應有待珍重此清樽

金剛寺

欲持淡境結空林且向宰官説脱簪文字眼前

皆秘諦聲聞到處有禪心日高松老天風落月靜蓮香夜色深偶憶龍眠山徑裡樵音斷隅到于今

為胡見可年兄縣湖州理讀書中秘

松雪芳遊滿白蘋搴來蘭蕙上林春西湖常載孤山月東壁今開三島身香爇名鑪人并鶴烟霏端石字呑麟令狐内詔當年事感蹟同傳雲水濱

秋夜聞琴

廣陵誰謂絶餘調滿江城落葉一何靜月明如

有聲動操群鳥下觸手孤雲生我亦移情者長
歌滄海清

別秋部米爰啓年兄

梧桐清影綠烟吹署冷西曹扶露滋聖德如堯
阜作士君才軼管鮑能知十年往事同心夜片
月懷人三峡時海内瘡痍誰共恝懸蒲祝網渺
予思

荅張斗垣年伯乞言

尋常奮筆題玄草獨值高人費研討山水精神
圖史腸枕中未易探鴻寶荒檄一官賢者勞歸

來菊秀彭澤高龍湫丙穴留芳蹟金焦日夜窮
波濤眼前雲氣滿三山台鼎名香清夢間出世
大業付裘冶丹岩翠壑焰蒼顔谷口有芝武溪
有漁縻爾好爵讀我素書北固峰頭一琴一卷
一片石吁嗟乎俯仰明月觀今昔

將之昌元别史館諸年丈

尋常較古未能寬纔得登車事已難同藉幾時
身北面一官萬里路西盤玉墀香篆披雲近劍
閣芙蓉徹月寒此去眉山視仙草遥知蓮炬滿
長安

別同選諸兄弟

今古寸心在相看欲别時并稱天下士豈為一官欺世眼輕魚服昔賢陋繭絲堦前日正午顧影各傾葵

出都

出郭見秋色川雲原氣舒柳高垂露蜕禾老息畦鋤衣仍来時薄書存舊日餘不辭官萬里巴峽獨驅車

開原秋思

到處題山採石雲鳥音泉味亦微分止驚落葉

西風裡南北秋聲一樣聞

謁孟廟

耿耿階前栢蒼蒼嶧上桐萬鍾如逝水六國想高風麟泣春王後雞鳴夜氣中微躬余自凛俯仰岱宗東

晚行阜城道

禾黍垂垂盡一輿清夢周馬鳴如問夜樹老欲留秋寒雨吹山落殘烟到嶺收物情晨夕裡流覽未能休

穀城田家

雲氣川原厚經過苗豆肥雨中剥新棗農語覺
依依

秋日偕胡麗華年伯燕歸兼祝初度

薊里相将問腊車碧霄雲静鴈鴻初人如黄石
隐君子家有虞卿行秘書一路秋光分黛色幾
年春夢簇花輿徯囊載滿青山句携向芭蕉徑
裡居

别吴來之年兄大行

簡命復遑将翻以勞成息文章山水心出入經
營力朝覽饑民圖夕達君王側豈乏慷慨士徒

然懷默塞鷄鶩何足儔高崗鳳凰食有車時轔
轔海内生羽翼戎馬方生郊所期威四國

夏日聞蟬

欲解寒時誚飛鳴意自持天高欣有托露静獨
相滋感物難安嘿藏身清畏知臨風興羽翼到
處悽孤吹

飲别陳仲謀年兄

坐對空堂梧竹陰階痕惟許月明侵商量秘字
奇文外珍重名山遠水心擊目疆圍方不易感
恩君國漸知深酒酣蹴别雞鳴夜閩海雲烟隅

幾層

東阿懷黃石公

橋頭流水動清風一履爲平博浪雄豈是人歸空化石常留俯仰穀城東

高唐陳子羽先生肇慶貽書

纔是春風易敝裘故人書信達高州詩魂未斷邗江水離緒常縈青海舟別後文章存瘦骨近來軍國急邊籌同時蔡閣餘荒草獨我蒼梧勞夢遊先生去桐後兩任維揚青淄書來并訊門下士倪瓚圖太史太史已作古矣寄此志感

遊青蘿見壁上舊有兩寺鐘聲裡外間之句

群峰拂面至晚翠立御斜曛鳥下蒼林語僧題斷石文小橋涼得月一徑曲生雲拈出崖頭句鐘聲裡外聞

謁祁闔宗廟祠

萬壑蒼莽靜披尋路轉微風霜增緒結川岳感人歸佩攬溪香入旌高林葉飛百年初涉此遺像尚依依余先世祁人也甲戌方得歸原籍感而賦此

為王晦季年兄兩尊人雙壽

澄溪無頮瀾長林無弱枝膏雨結善蒂清風惠静湄所以古之人樹德常務滋積書不益愚愚者金所為浩觀天地永靈砂未能持壽之以松喬何如以裘箕不見栁仲郢和胆甘如飴不見陳省華三子貴且随烏夜有舊巻青箱又著玆白髪南山心丹書日遲遲

山齋留别友人

落葉随飛夢相将度遠村青山看岐路白馬向前源名士喜無事贈以常以言寒潭千尺水余亦重汪倫

秋山對客

一亭幽事月明通落葉飛書似集公户外松陰常欲老坐中茗椀自呼童逢人品水思鴻漸到處談經憶馬融昨夜夢遊捫絶漢却疑清影並蒼穹

乙亥春冠偪桐邑攖城設禦孫儀之殫竭心力居多焉時予在皖遥以請兵請火器相接濟之後燕歸過桐書此志感

楊柳依依白骨悲却思臥戟獨支持千金壯士捐家募一劍書生報國知自此送君應已遠急

而求子賓云遲相期江上經營事幸得同心有種蠡

別楊錦仙父母之蜀

未陟蠶叢路逢君話遠人片帆江上夜三峡夢中身薄宦皆如水殊鄉憶比鄰海棠香應在遥

贈故園春

壽葉曾城年伯宗伯

鬚眉彛鼎照懸車無地樓臺清可如到處魯生爭問禮偶逢秦熖惜焚書花磚秘閣春何限藏石名山事有餘帝簡老臣來夢裡跱看飛詔下

彤除

弔滕縣水厄

嗟哉山不仁挾蛟以與處須臾怒濤立萬家盡漂杵世尊在津梁河伯相與語欲招千人魂飄泊逝何所頽垣生餘哀瓦礫馮首阻有蝗不可呑有石不可煮幸然作流移涕泣待敗黍我無子羽能徒爾懷悽楚君王方仁明蹏入知無拒

入蜀

三巴文教阻荒遐此日飛流溯遠槎笻竹杖頭秋色老杜鵑峡裡月明斜因多疑字思玄草為

洗詩腸到浣花安得輸橦無訟芋海棠香滿萬人家

養痾永署東門人吴兩匡

偶來問字破苔痕蕭署疎陰病扃門一幅水山餘静遠幾番車馬謝闤喧吏歸煮粒調飢鶴僕倦攤書理素言之子四方饒膂力可令夷甫任沉淪

題永川化亭

亭畔疎陰翠影流隅垣遥借衆山收到來琴鶴多清獻欲種篔簹學子猷半壁玉峯存吏骨九

溪石浪溯氏憂搴帷時望軒車過夜夜占星入益州

送胡子寧歸省并重訂昌元之遊

素圃玄文古道存頻從退食接晨昏不禁秋思蓴鱸膾敢謂春風桃李門灼浦夜珠期再合當樽瑞石細重論南官江上扁舟好且贈峨峰月一輪

春日過吴園

問徑纔當着屐初春風不妬柳梅舒少陵詩骨憑花浣顛米衣冠與石居入户溪嵐魚鳥靜隅

林烟火市廛疎層層掃葉蒼崖裡古洞依稀篆碣餘

靈谷娱人百慮除編花織竹欲牽裾簾間影共巖頭鶴艇下烟横洞口漁歲月每隨群石長室廬還倩五雲車鄰侯未出身先相屏上珊珊意自如

内　蔣耀吾譚天瑞石園

石園芳蒨碧如巒静對幽人在軸寬世人異書難盡讀眼前疑事更多端種瓜賣卜非無意勾漏神山别有丹造化分明傳象緯好将秘字枕

中看

因籌邊兵過妙高寺謁馮少師化身

石看為供花自菌鳥聲啼亂夕陽春尋常紀夢多疑事今日參山識幻身香氣滿林烹白水虛堂一榻倚蒼筠青龜古栢年如此何必桃源學避秦

為鄭存韋年兄考滿

蜀治云難昔所傳豈惟道路歷青天五丁處處須重鑿三峽朝朝如意懸莫定芋田殊漢女況逢檄羽接秦烟幾番瘖將經營後赭服公僑應

比肩

警後有感

忠信繇來重小邦素懷常似對冰壺有心如水
臣非遠將欲移山我亦愚鍾會陰平慚　事王
尊折坂擬前驅參天萬壑飛鴻滿莫倚重關只
劍瞿

挽譚友夏

寒足以死清足仙移來寄念倍愴然山中雲石
貪名士天上星樓續往賢藏筆應知同汲冢詩
魂端不愧青蓮夜臺流水逢鍾子莫把心期化

杜鵑

同陳石丈殷義卿年兄登塗山

入徑百千想憑高覺迴如間搜林鳥跡悦扶筵藏書石潔無幽媚雲深耐卷舒龍門纔一睇究見禹功初

嵐曉烟如織山禽自欲言杖頭携酒至花氣入泉温蘿薜來朋侶磨礪長子孫時難方在慮偶一逐桃源

署中偶成

寸心罕所適荒樹間鳴絃選筆刪花譜安床縱

鶴眠吏愚間案牘官拙少周旋欲學陶元亮跏

躇之糯田

題蓮白上人手卷

謫仙學士號青蓮蓮白還來叩妙玄可是文人

同佛祖墨花飛出小西天

督亢古輿

此身原自許筑擊豈須悲為有衝冠壯因開博

浪椎一圖匕已見十日索還危所以圯橋上從

容納履遲

素堂遺稿

桐城光時亨含萬父著

疏

議南都官員疏

爲留都根本至重銓樞關係非輕懇乞嚴加責成遴選以凜預防以安要地事臣惟祖宗定鼎以來兩京并建艮以龍飛鳳泗收王氣于金陵麈掃胡元羣帝圖于燕薊以故兩京之官制無不胥同兩京之守禦無不并重乃以車書會于北而陪京之備遂漸疎今茲流移萃于南而豐鎬之防實愈急茍蒙皇上聖明

加意高皇帝肇基之宇弓劍之藏者亦既詳且至矣顧臣尤以提衡扼要之官未盡得宜不可不速為請命者則銓樞二部是也夫天下人才揆文奮武無一或外乎統均司馬豈惟北宜加慎即論南都于今日大計届期狡寇偪處其中之官評最稱龐雜其中之兵馬最稱單弱自非簡任得人實心力任其曷有濟如吏部尚書涂國鼎已經臺臣潘世奇疏糾奉聖旨陪京重地端本化源以肅吏治自是正論該部知道欽此夫言其人者為正則居其官者為非矣此朝廷之以廉恥待大臣國鼎或未之知也可不令亟請骸

胥以其位待之賢者乎如原任兵部尚書余城前蒙
皇上召對面諭另易旋經部推熊明遇代之夫前者
以懦劣敗績則後者必以強明圖功矣察明遇曾任
南操其時地方尚屬安戢今事局之難數倍于昔可
不辨十分精神以副特簡乎然銓樞二部所倚藉全
在考功職方任斯位者既貴心行之端方又貴才識
之沉練品隲易隔于耳目須人人據實推求武備全
疎於廢弛須事事從頭整頓乃若考功劉應賓臺臣
瞿熙祚糾其附逆躐陞奉旨着吏部從公察議具奏是
其劣狀已早入皇上洞照中矣何猶未見部察確覆

當計期伊邇之時人倫權衡之地豈可不速簡清執
有望者而容此等穢流久辱官常羞紳士至職方鄧
藩錫報陞已久近自南畿來者每傳搜獲奸細輒供
城内伏莽千百為羣當此秋試在即多士雲集僕役
填冗報客混雜加以各避寇之士民絡繹如雨舒盧
之破皆藉内應寧不寒心今必須得一才品素優實
實留心當世者徹底清察整練始可恃無恐何可懸
缺不速求其人以填補伏乞皇上計先根本將涂國
鼎准令致仕以全晚節劉應賓速賜處分另推端品
熊明遇勅令殫力毖防與南操諸臣矢心共濟斷不

容一賊乘懈潛渡職方缺部速訪求經濟真才俾資緩急如此肅吏詰戎各得其任而後蟠龍踞虎之地金湯可永奠乎臣草疏畢聞順天巡撫王文清告病之報又見順天舊按臣梁士濟揭帖亦疏稱文清果病當預儲材候代且云劉世俊言其病狀甚悉計三協關係何等重大况中協尤為吃緊可漫以病夫當之乎

衝突刻刻當慮則文清之宜速換廟堂之上立當定計毋若丁啟睿事敗而後他求之斯已晚矣臣無任激切待命之至

崇禎十五年六月十八日具題二十六日奉旨該部

看議速覆吏部復奉聖旨王文清着解任回籍仍料理候代員缺作速遴推不得濫舉濫誤

論兵疏

為天下之事無大于兵練兵之方無過一實敬陳安攘之要畧以濟時艱事臣聞帝王御宇亦務乎自强之道而已矣文則修德武則修戎非二事也今天下脊脊多故然聖明握定算于上舍自强別無奇術舍練兵別無以自强從來三代不易民以圖治亦不易兵而戡亂以今彊宇全盛而動稱無兵或謂有兵難練者皆全軀保妻子輩為此苟且徼倖之說以欺皇上也即以　寇之强夫豈生而能然乎臣聞　之練兵也馬不能登絕峰越長坂者勿用箭不能貫兕鍪

透重鎧者不用人不能飛騎提若猿猱挽强應弦而倒者勿用而冦十數年來其練兵之法頗亦彷彿今我馬力弓力人力鮮是矣雖然制冦者不惟用其所長又在破其所短漢鼂錯曰匈奴之長技一中國之長技五然則我非無長也惟今武試并行間操練止單騎講騎射而不講各器即騎射甚至借馬假弓聊應故事者有之火器最稱神物乃製違其方用乖其地付非其人猝然遇敵輒棄而走且資賊用矣勁弩方戟長矛利刃神鎗飛鎚以及棍棒斧鉞滾牌鈎刀等項皆敵所不備而我有之不能用用之不能熟

其與未備者等矣司馬法曰兵不雜則不利所謂雜
者長短相接輕重相間也李靖曰教士必分三等所
謂三等者結伍法定軍較聚陣圖也故練兵必講乎
多器多器必辨什伍辨什伍必貴素習素習奈何臣
以為凡一應軍器于大營之中當各分為小營每營
當定一練長每練長擇二教師相為比試教衆習之
蓋凡言練者練其生而使熟也如止逐日團操用彼
所習無貴練為矣臣在蜀曾見所調獠兵手持鎗口
啣刀腰佩短刀弓箭各器環相為用而尤最善用鎗
跳而拒敵忠萬桿兵亦然故强于他兵以知惟鎗可

以破刀後見張献忠入蜀馬後曳一巨棍急則取之
鎗則應手而斷止蓮花寺僧兵善棍差可爭鋒以知
惟棍可以破鎗嘗求破棍之法議者謂必用叉乃可
以此類推然則五兵必相勝而後摧鋒相習而後制
勝惟有騎射之長技而不專恃始應用而不詘有火
器之神物而不輕用始所向有功今誠多擇教師與
各兵訓練于一月精一器則一年則精十數器矣一
教師練數十人則十教師練數百人矣擇其技已就
者立為伍長於衆伍長中精者立為什長衆什長中
精者立為百長而千夫長萬夫長皆准是推而上焉

有不率者亦准是抑而下焉既于技力分高下又于高之中分勤惰又于勤之中分勇怯兵之餉以此定多寡將之能以此程優劣雖百萬之師約束皆出乎此孫子所謂治衆如治寡此之謂矣是故巧不過習習生藝藝生膽膽生智于是號稱大將者為之豎旗幟辨金鼓教之以方圓分合奇正諸陣法陣法定矣教之以攻擊刺殺掩伏諸戰法戰勇矣而後乃教以應變之謀謀而後教以盟誓之信信而後教以不侵不犯之仁仁焉而兵始為我用飽不敢驕飢不敢譁勝不敢淫敗不敢亂夫是之謂有制有制者乃習練之極也臣此說非有甚繁難亦非遠有需待用現在之

將行現在之法練現在之兵隨地隨時要得一實著且今將之敢于驕者以文職衆多稍有不恪即以考功法懲其後若數十年來止此十餘宿將彼將謂朝廷舍我別無可用也此法行即於行伍中拔偏裨偏裨中拔大帥英雄既無失志之嗟悍卒自奪跋扈之氣且兵非技勇不得入籍老弱者不期汰而自汰虛冒者不期核而自核豈非一事之中而求將清餉之道兼備乎不寧惟是昔楊萬里謂以國守邊不若以邊守邊蓋欲其貫練使人自守政今日之急務也臣謂廣其說以兵守城不若以城守城能練而各衛所

軍皆兵指揮千百户皆將矣再廣其説以兵守鄉不若以鄉守鄉能練而各土著鄉勇皆兵主伯閭長皆將矣嘗稽其法莫備于先臣戚繼光紀效新書臣求皇上勅兵部將此書每鎮將各頒一簿令之講習并飭中外該督撫按每季躬親察閲懸信賞之格嚴必罰之律以季報法行之將不出一年可成梗槩不出三年可成節制以盪寇又何難乎李綱有言團結保伍廢而無以相維持教閲戰陣廢而無以習攻擊禁戒號令之威不行而無以作士氣上下階級之法不行而無以一士心揆之于今實有同獘然則更軍

政而復治之不恃此自强之道而更何恃耶臣願皇
上速為封彊計為宗稷計
崇禎十五年六月二十八日具題七月初二日奉聖
旨這奏内實練見在兵説得是製器束伍等法著并
嚴飭行該部知道

論儲運疏

為儲糧有極簡易之方運糧有最直截之法懇祈速賜勅行以堅城守以足軍需事臣觀今天下名城之易摧而三軍之不宿飽也總繇于乏糧乏糧繇于不預積不預積則兵飢即積之而不講何以運則兵亦飢飢則弱弱則怯故軍威不振飢則譁譁則驕故將令不行然則兵之日事搶掠也亦有以驅之使然耳臣考祖宗朝各省直凡係應納錢粮無不置倉倉則必需本色自本改為折而初制蕩然矣顧本之不得不變而折也一則以穀價低昂不等郡邑執其定價

而山歲難以取盈一則道里遼潤不同藩司總其大成而修途難于赴納也然則曷言乎儲糧之極簡易也察各州縣京邊錢糧而外有本州縣應支存留倉口如儒學衙佐俸粮鋪兵驛遞船户夫馬皂快各項工食皆是今何不下令各督撫按凡州縣自京邊倉口仍徵折色外其本州本縣存留倉口盡扣徵本色于七八月秋成之際照市穀定價令小民如數上倉蓋秋後穀價止有賤而之貴無貴而之賤者照市價則不病民賤而之貴則不病官自鄉而納之于邑遠近不過數十里則不病于費脚價此之謂三便迨至

支散俸糧工食即用本色以今歲秋成收以來歲秋成入夏給則人不食貴穀自樂于從事脫有警守城以銀易給垛夫自樂于登陴官兵經過以銀易為月餉自樂于荷戈此之謂三宜至易穀之銀詳請于正項應解錢糧内通融開銷其無事而積之也但以本色換折色如有事而用之也又但以折色換本色則不必別講搜括之術亦不必另俟召買之勞以為簡易莫簡易于此矣又曷言乎運糧之最直截也夫兵之不能皆可披堅執銳者其勢也古者每伍必有火兵每營必有輜重今每兵各有盔甲器械之載又率

多步少馬既責其赴强敵又責其負贏糧其將能乎謂宜于每十人中用二人運糧則十人皆飽百人中用二十人運糧則百人皆飽推之千人萬人數十萬人胥然則千人萬人數十萬人皆飽糧因諸各邑存留則無勒取折色之擾路止于百里途徑則無遠道轉輸之艱兵之所至即可以支領營之所止即可以命爨以為直截莫直截于此矣然積糧必需倉運糧必需車臣以為此亦無甚難也今宜令每邑置廒二十計每廒貯穀五百石二十廒即貯穀萬石矣合十邑即貯穀十萬石矣每邑造小車三十乘可用兩人推

挽者計每車載米一石日食百人三十車載米三十石日食三千人合十邑載米三百石日食三萬人矣不出千里之內十日之中雖數十萬之糧數百萬之師可以輪流絡繹不絕而亦不患乎敵人之搶掠此永久可行之道也置倉造車之費宜許册報開銷而各邑之車事平仍歸各邑則行者無甚棘手又誰不踴躍奉命乎此法與屯田義倉相為表裏而尤可取效目前如蒙聖明採擇即望决計速行毋煩再議或即于歲內尚可以告成功矣

崇禎十五年七月初三日具題本月十三日奉聖旨

用兵專重本色深得根本要圖擬奏糧儲各有倉廒
運糧必有輜重原係祖制每遇調發輒沿途勒索本
折擾累難堪師行糧從似不如是著該部詳確議奏

據實奏明疏

為遵旨據實奏明事臣于六月二十六日接報人楊
明送邸報一本內有兵部塘報據差出職方司主事
馬紹愉等前往瀋陽與　講和一段皆　要挾悖
嫚之詞紹愉等欺君辱國之語
疏而臣同官方士亮業已入
告奉旨著士亮察訪明確來説矣六月初五日准兵
部職方清吏司龔鼒手本為遵旨確奏事內稱兵科
給事中方士亮題前事等因奉御批本內許文翁英
即著該城御史提問同楊明詳訊漏洩根因具奏況

祥霖著一併提質馬嘉植等邸報也著據實奏明該
部知道欽此欽遵臣經士亮覆疏有名應在回奏之列
因思從來中國之于夷狄如天覆地載順而不絕以
昭其仁逆而薄伐以明其大然總之修文修備恃其
在我而已自魏絳開和戎之説後代貽譏渾瑊誤平
凉之盟土番竊笑雖劉敬李布之策無解于踈防況
王倫孫近之奸何辭于賣國事詳往牒垂鑑來茲恭
遇皇上神武恩威并用昨者怒石鳳臺倡言媚　問
以謫戍則聖明決計一意戰守已昭然與海内共見
之矣今馬紹愉等不知何許人也據報往來　廷踪

跡駭異遂使　不知漢大騰播嫚語真耶僞耶夫
臣子之義奉揚國威先存國體臣愧無請纓絶繻之
壯縛呼韓而斬郅支其忍令金幣繒歲幣之名播邊陲
而傳後世如云借此緩敵當夫四城淪亡忠魂化碧
未聞有如藥葛羅下馬而拜子儀者則　之絶無返
顧明白易見矣迄今九邊脆弱依然三協空虛如故
不及此簡邊村遴戰將貯糧糗反日以虛實盡洩于
轉盼秋高將何所恃前此言路諸臣屢請塘報發
抄曾奉有軍情兵機應慎密的自難抄傳漏洩之旨
信若紹愉所云度其屈辱　廷匿不敢盡以歸告者

聖明洞悉欺罔情態不知若何震怒方今人鼓同仇士懷不共豈可令此損威喪氣之語飛傳閫外墮軍實長寇讎耶且聞樞臣陳新甲凡有密奏皆云出自手疏計于此等倍當加密今揚明之報胡為乎來據明供出自職方司書辦許文又得于左府書辦翁英轉授總皆兵部書役也書役何以有此報是當問諸職方司矣職方司何以透此于書役是當問諸樞臣矣臣所知者則所傳馬紹愉等不經之說月報中所有不敢以為無也如欲究洩露是誰之洩露即以為揑造又是誰之揑造但求皇上將許文翁英嚴飭

該城御史詳審直窮到底又何難立破疑團丕振聖

武于商夏乎臣據事言事不敢旁及一語諸伏乞聖明

鑒察施行

崇禎十五年七月初六日具題夲月　日奉聖旨

已有旨了該部知道

糾監軍欺蔑疏

為監軍欺君蔑旨伏機閃變乞速勑勘結以破姦謀以伸國法事臣曾具監軍誤國已深一疏叅楊卓然張若麒又具有召不可無對一疏内以仰遵聖諭當明賞罰并及卓然若麒總從封疆公論起見無纖毫私意苛責其間也同事諸臣之疏不謀而合業經吏部具覆奉聖旨已有旨了卓然俱着革了職為民仍候勘議奏奪又經兵部具覆奉聖旨已有旨了欽此今卓然事下撫按而若麒勘議杳然臣方訝之不謂其蠆口簧舌無端肆辯更喪心狂病至此臣于若麒

從無一面止因其倖功促戰倡逃損疆悲憤入告就事論人非有意論事若麒既謂臣等論之是矣又謂事則未確意更難言何居乎計其欺君蔑旨罪各有三實一一自行和盤托出臣請就原疏直糾以欺君言之若麒奉命解圍即有軍旅之任乃曰儼然一使臣耳所使何事乎圍曾解乎且于兩戰皆捷一戰大捷則攘為己功于不戰而潰則推為人罪此其欺君者一督師身在危城脫有諭使諸將潰圍而出計必令之堵禦策應城中非令之逃也諸將既出則指麾悉聽命監軍若麒不能出一語激勸將士乃扁舟海

上遁歸反檄諸將同寧遠坐視松圍不救不以為倡
逃誰實倡之今乃謂督師勒令各鎮宵遁世有瀝血
攖城自投死地反教他人以逸出者乎此其欺君者
二各鎮雖有監軍而若麒尤為之總即云受銜于去
年十一月四城拱手之失皆其監軍内事也今乃云
未擔其任先蒙其咎前既以使臣二字輕輕卸過後
又于失城一段若絶不應與聞者然則軍中安用若
麒為光少之加將任其游戲已乎亦何怪傳者謂其
痗瘡爛惡以行間為樂場也此其欺君者三以蔑旨
言之洪承疇久任疆埸死心報國即松陷之日西向

一四五

闕廷叩首海内勿論知與不知咸為飲泣以為雖失
四城而得一烈士可愧人臣偷生蒙面懷二心者即
皇上痛悼再三初旨稱其忠烈殉難事情甚明再旨
與祭九壇賜葬建祠議謚旦晚且將親祭而若麒反
曰督師庸懦謬拗久頓不舉夫兵法見可而進審勢
而敵古之持重觀色愛變者胥然止以若麒小犢僨
轅未讀趙括之書空有王恢之敗今數萬淪亡之士
馬方于若麒索命之不暇乃悍然全不引咎歸罪督
師曾是聖明曠世之優典謂漫加于庸懦謬拗之人
乎訕工無禮斯已極矣此其蔑旨者一鎮將王樸已

膏斧鑕于藁街。監司張斗王之楨屢載嚴綸于霜簡
即不無各將肆赦戴罪而王章有赫未嘗少有寬縱
若麒乃曰概置不問使問者而更有加于王樸兩觀
之上彼若麒為總監軍者又將置以何法耶此其蔑
旨者二吏部具覆若麒革職為民候勘蓋考功之法
止此為若麒者立當束身司寇請死恐後既稱于五
月二十七日見旨邸報迄今月餘逍遥永平日聽在
廷公勘不識在廷法司能就永平而勘之乎抑亦藏
身近郊暗通線索先以悖慢慢一疏姑為窺探耶鬼
蜮肝腸于斯盡露此其蔑旨者三為人臣而敢于欺

君蔑旨厥罪洵屬不赦矣乃其巧伏機關陰圖傾陷
則元有閃爍不可端倪者從來奸人包藏禍心不過
一祕字空人之國不過一黨字若麒自稱其秘稟而
誣臣等以黨人計若麒秘稟者想謂督臣頓兵不戰
耳不識扁舟倡逃秘稟中曾自及之耶惜也承疇既
死而不得一面訐若麒之姦也向非聖明痛念忠魂
不已彼又不知若何詆誣臣稽漢宋之末僉壬皆以
朋黨之說排逐善類人亡國殄殷鑒具在今聖明方
廣開言路若麒公然指言者為黨人然則國家事可
任僉邪耶敗壞人盡寒蟬結舌而後謂之不黨彼屈

軼指夫佞人鷹鸇之逐鳥雀又何以説至謂為宣國
柱等報讐一語陰伏後日翻案國柱雖臣同鄉其事
各有夲末與此風馬牛何涉含沙載鬼遁辭知窮伏
乞皇上立將若麒逮法司依律究擬則所關在千古
是非匪止一日功罪矣
崇禎十五年七月十一日具題夲月十六日奉聖旨
張若麒已有旨了該部知道

請頒律令疏

為治世莫如平刑，祥刑必先讀律。敬陳遏亂止暴之原，以昭大法，以廣聖慈事。臣觀天下之輕于犯罪者，緣不知律也。官吏之失于出入人罪者，亦緣于不知律也。律之義何自昉乎？自先王審音定律，陰陽各六，其道為本天以治人。書曰：律和聲。易曰：師出以律。惟刑亦然。律雖不同，而準陰陽不易之則，其義一也。蓋樂原于喜氣，師凛于怒氣，刑則哀矜而勿喜。樂以迎生氣，師以避殺氣，刑則死道而求生。夫喜怒生死之情一發，莫知所止，惟一稟于律。古之帝王雖絕世聰察不敢不及焉不敢過焉其人臣奉爲成憲曰祖宗之法如此此故曰讀書萬卷不讀律致君堯舜終無術此之謂也我太祖高皇帝刊定大明律始于洪武六年頒于洪武三十年列聖相傳守如一日至我皇上而更加詳慎然則律爲法令傳後之書道與五經四書相表裏乃經書童而習之猶有老而不能通其解者今律則師儒不以傳諸弟子官長不以教諸吏士雖鄉會試判一條襲陳説耳于義無涉何怪其舉足措趾投身網羅而不知聽斷民詞奸吏舞文而不察哉臣計律四百六十條尤當以講讀律令一條爲第

一義姑舉數端約略言之夫律之始五刑者遵王制也列五服者昭親親也次八議者賞功勤重賢能而親故貴賓皆所不忘也不明其大旨亦烏識作律之本意乎若夫論形則寬于一年以外如此乎其不欲以刑盡天下也謀殺特嚴于造意鬪毆特嚴于故殺如此乎其不欲以機開禍本也强竊有得財不得財之分白晝搶奪有人衆人寡之别流與遷徙有遠近之殊納贖有在京在外收贖有已决未决限内老疾之異自首有可准不可准之弗同科種種未易枚舉如此乎其詳且曲仁之至義之盡也顧律文多深隱

自加等之說起酷吏因高下其手夫刑以言乎名也有其名而無其律者弗坐有其名而無其例者亦弗坐此大誥減等之制原情定法之隆千古例以通于律之外誥以酌乎例之中讀律不讀例不明例不讀誥亦不明曩如孝經小學舉世茫如自皇上頒以試士三尺童子皆能誦之矧人命生死之關今何不以大明律仰遵祖訓頒示中外令士民家為講習則群知法之所在凛不敢犯生童小試便用判一條迨至服官久而益習可以束身可以治民此在百官皆然而外之理刑廳治一郡之獄內之十三省司官各治

一省之獄尤宜任得其人悉心講究而後郡縣爰書
覆勘於巡方御史平反於三法司衙門者自不至與
初鞫懸殊然後上之聖明合天下喜怒之心為喜怒
合天下生殺之公為生殺於以憲天垂注又何患有
纖悉不當者乎方今海內多事臣之及此或指為迂
圖不知刑罰中而兵戈可化禮樂可興此古今帝王
不易之道也事關刑垣職掌又以各省直清理方在
飭行敷陳逾格伏乞聖鑒採擇施行
崇禎十五年七月十七日具題八月初十日奉聖旨
講讀律令舊制最宜恪遵這奏亦有裨明允該部知

道

薦將材疏

為邊材非一日之儲求將非一人之事當合群策群力共圖咨訪以慰聖明焦勞事竊嘗聞之物有不求未有無物之世士有不用未有無士之時以今天下之大而謂無智如管樂勇如賁育臣不信也然知兵何不數數見也干莫之劍必終緞練而成腰褭之蹄亦須調服而御今天下皆諱言兵而匿其才即一二慷慨志切當時者効捫虱之譚而乏借箸之實奚用哉臣察吏部司官恒分省直今樞部何獨不然夫山川之險風土之剛柔士馬之脆練非生長其地者不

知即生長其地而究心不深亦不知也今何不以樞屬准銓曹例各省直簡用二人或一人凡督撫奏報軍馬錢糧必以一揭及之有事用兵則以本地司官隨樞臣入應召對則如吳越人之舟楫秦晋人之車馬必有一種親切實應之處久而習之凡其地之孰宜守孰宜戰兵將之孰可用孰不可用皆能出諸懷袖而見諸指掌此後凡外邊奏薦以邊才入者即以邊才出則自可取用不竭不猶愈於今之憒憒夢夢如索日月如暗室爭良將又何數數見也司馬法曰將不豫設則無以應卒漢高齋戒沐壇而拜淮陰猶

一軍皆驚然則舍滕公蕭何而外無知信者文帝不遇馮唐亦烏識魏尚近在雲中而顧遠求頗牧哉從来任將之難以知將難耳今吏部用人督撫九列皆由會推何武途會推止總兵一官副總而下群臣俱莫繇知其姓名彼其平日履歷功次未經薦目何從以入吏夾袋故司馬之堂皆却步不敢登登而罕不敗績者由講求未素也今何不以武職凡專制一方一路者即未能一一會推亦須以實績關會兵科有推舉不當者比即参駁而巡方入境糾劾亦照文官例先視其不堪者逐之不必竢報命日始有舉劾將領

之奏於以杜夤緣之門懲貪懦之習不猶愈於今之悠悠泛泛如索虎豹於犬羊乎至於目前選將有二要法從来耕問奴織問婢用所習也今天下將才不外職方年来職方有望者如李繼貞趙光忭業奉旨起用方孔炤已屢經薦剡皇上倘誠察其才屬已試名而見之即以經手用過將官某廢閒可起某偏裨可拔計十餘年戰功材品無難瞭如在目拔三臣而收數十百人之用未可知也又朝廷大政必統於九列之長今屢旨舉將無一應者孔斌燕雀之喻讀之能無寒心乎乞皇上即頒一令責成九列堂上官督

同各舉所知當無難計日而報成事矣臣曾見職方司所刋恭呈睿覽册庚辰科一二三甲武進士潘龍躍等一百九十九名又副榜丁遵化等三十名今正榜纔推至三甲第十二名止副榜纔推至第五名止未解何故其中頗多邊鎮之人豈遂無可推可用者乎抑撫按叙報任用多人而不暇及耶今文榜選用已畢恐武榜亦不應懸絶至此所當勅令職方司自行回奏者也臣感憤時艱語無倫次伏乞聖明鑒宥採擇施行

崇禎十五年七月二十二日具題本月二十八日奉

聖旨公舉將才精簡屬官俱有屢旨了這奏内推舉必開實跡入境必即行糾劾并正副榜武科選用事均於求將有裨李繼貞趙光忭速催陞見方孔炤是否酌知將才通著該部詳議具奏兵部覆九月二十日奉聖旨公舉將才屢有明旨如何不遵著各衙門堂上官嚴督所屬限本月内報部彙奏樞屬分省還會同吏部再行酌議推舉武職闕會兵科及選除武科事宜俱依議方孔炤爾部既說才守可用准量伏官帶星催陞見仍候鑒裁另奪

請備戰守器具疏

為戰守器具無窮司空衰老宜易乞亟准其休致以速營繕以安宗社事今天下外　内寇群知樞部之重也而不知工部之責與樞部等臣曾拜上天下之事無大于兵一疏奉聖旨這奏内練見在兵説得是製器束伍等法著并嚴飭行該部知道欽此夫束伍屬之司馬製器屬之冬官矣實何未聞工部之或一言及此也良以司空劉遵憲崦嵫已逼志氣全衰且人言紛如杜門之日多而視事之日少臣見其屬疏乞休當亦陳力就列之義有怵然厥中不能自昧良心

者從来人主之於大臣予之以功名不若養之以廉恥遵憲之乞骸骨尤其廉恥未喪時也皇上不以此際易之萬一　爾時即欲去無可去之勢皇上爾時即欲易遵憲猝難得堪易之人城守器械事事不能應手其若之何今試問遵憲亟人為亟矢人為矢弓人為弓弩人為弩能各工緻堅好乎狼筅蔽敵干櫓遮身滾牌藏刀拒馬禦騎蒺藜陷步偏兩結陣能各製造如式乎鳥銃三眼槍大將軍佛狼機紅夷等砲能使火門無差乎池無爆損彈以配銃藥以配彈預為講求合法乎城以上砲臺籠鈎槍火

火噴筒飛礮等項即有舊造儲備者能無傾頹朽壞乎城以外隍濠串門欄馬墻安砲基地能無應加增堅度地修築乎諸如此等未易枚舉有一之弗備以戰則不壯以守則不固今試舉以詢之遵憲恐其茫如汗下也夫朝廷之上不過用人行政兩端苟非其人政曷由舉故曰積兵不若積穀積谷不若積人臣區區芹曝愚悃每詳於論政而又輒恕於論人有所糾參無非不得已從國家封疆各官職業起見今統論六官之長除司馬速宜推補以專責成外孰有急於司空之宜更置難遲旦夕者乎仰求皇上以臣所

諭列或著憲遵一一據實回奏或專賜召見以驗其
能否則臣言之匪欺匪謬恐在廷諸臣亦皆不能為
之置喙矣
崇禎十五年七月二十二日具題本月二十八日奉
聖旨城守器械預備是否一一堅完事事應手著各
部據實奏明毋得因循滋誤大臣去留自有鑒裁亦
不必苛議

論中樞疏

為中樞關天下安危求實用須實才已屬誤不堪再誤事臣嘗讀漢史高帝以周勃為太尉曰勃重厚少文然安劉氏者必勃也故雖以陳平之智稱難獨任卒以勃成擒諸呂功諸葛亮獨肩討賊之任其自許止曰先帝知臣謹慎故鞠躬盡瘁死而後已卒如其言由此觀之古今芟大難定大亂者豈非以其小心持重識量過人哉後世每乘亂而偏言才此才之愈炫而愈匿治之愈急而愈也我皇上慎簡百官至於中樞尤加詳酌蓋惕於時艱鑒於往失而臣謂中樞

非真束手窘步斷不可為之官也亦不在乎真心力任而已矣真心則著著從實不以粉飾事虛　力任則處處擔當不因利害詭趨避而周旋之儇巧敷奏之便佞不與焉臯陶謨謂知人安民終之以巧言令色孔壬至比於驩兜三苗夫古之所謂巧言孔壬未必非今之捷給能臣也自國家

當權宜撫賞者矣有謂誦經可斃蝗虫即有謂認狀可罩三協者矣有謂三藩陷後可不誅失律即有謂八陣喪師可不問倡逃者矣局面線索的鉢相傳其精神不用以籌君國而用之

原作驕似是矯字

彌縫將士欺督撫督撫欺中樞中樞欺皇上金錢不
用以練兵馬而用之賄賂中樞剋債帥債帥剋卒伍
卒伍剋小民又且詭密其說無六出之奇而託陰符
之秘凡行間實與虛（與強）與弱與勝與敗與聞之者風影
言之者口喋也以皇上神明洞矚試一還念前此奸
人蒙蔽何一非鬻封疆騙蔭襲仇死事賞姦宄之故
智哉今求得一賢司馬欲從頭整頓中外須破一欺
字欲自此鼓勵三軍須破一剋字此其人斷非纖悉
才智并矯△飾曲謹者可任必骨性激烈生平自矢公
忠器識沉雄每事留心家國者其庶幾有當即或曾

經投閒註誤政於百折不回之後可得真操文彥博所云先察其平淡而後求其聰明葉夢得所云嘗使德勝才不使才勝德葦彪所鑒嗇夫捷給之對深思絳侯木訥之功者此之謂也今天下誠岌岌矣凡廷議部推之才品總莫逃皇上之獨斷即求簡一以任救焚拯溺視此一舉如不於大根抵大要領處求之勢且所選漸高所得轉下陸贄之言豈欺我哉惟聖明之決計定策焉

崇禎十五年八月初五日具題初十日奉聖旨樞臣宜真心力任不在儇巧捷給說得是這奏著一併詔

核力破欺剋該部知道

責成宜專疏

為行師責成宜專經制酌定當審乞詳畫一之議以杜牵諉之端事臣觀天下大勢猶如碁布求治之道總在界限分明位置得法耳國家邊腹皆設巡撫有因其地而兼轄者總督是也有因其時而創起者督師是也總督之與巡撫異矣督師之與總督又異矣蓋總督本提調各鎮而建牙開閫不能無一坐鎮之地然未可以坐鎮者遂諉各鎮于度外也若督師無專地之責　所往各處皆可坐鎮故總督可兼巡撫督師不可兼總督其勢也今薊督張福臻衰庸

驕拗外託曲謹撤之誠是矣但聞以督師范志完兼其任謂視其力量可攝則攝之否則另議廟堂之上固未嘗不加詳慎遂謂薊督可即撤也但今何時乎頗聞古北口海流兔小狼山等處夷人往来莫測萬一乘秋豕突以一枝綴寧遠一枝闖三協一枝犯宣雲爾時志完將坐守薊鎮乎抑提兵分援乎坐守一處則虛督師之名提兵四出又誰代防薊之事臣每廷推一大僚及奉旨日速者半月遲者浹月待志完受事後知其難兼而後奏請更置勢必不濟寧協兩協兩悞天下事不忍言矣今如必用志完為督師即

將薊督急早籌定若即以志完任薊督恐督師之銜
又應另改目前有議論後来始有專責成臣此說蓋
亦與廷議相成而非相戻不可不速講者也若勦寇
用督師悞已再見然臣觀漢唐以来衛霍李郭輩皆
以大元戎總為提綴而後成功今若以復設督師反
多牽制應將丁啓睿明正厥罪追繳尚方劍令天下
曉然知朝廷不復用督師之意然必須將秦保鳳三
督重頒勅諭令期會應援誓盟一心毋分爾我事成
則三督同功倘詔勅開載地方寇至不救者三督同
罪又將江北加一監軍御史與王燮等亦再頒勅書

申重令共相呼應以總合各督兵馬是督師雖撤猶
未撤也壁鄰之故智不且化為同舟之誼乎然有可
議者湖北今轄于保督昔轄于黔督是一地而兩督
也固始蘄黄德廣諸州邑昔轄于豫撫楚撫今又轄
于皖撫是一地而兩撫也夫黔督提衡雲貴川廣四
省地將萬里其兵力豈能復及于楚皖撫新設控制
安廬池太兼防江南北其兵力豈能復及楚豫地方
若鳳督兵馬無幾有防護二陵之責如兼楚豫愈益
鞭長莫及然則所轄者虚名耳虚名何濟乎本欲綉
錯成聯絡反因割裂生釁諉武功不競弊率坐此以

臣愚管見中原地方自秦至江北猶一身然謂宜總其地分轄秦保鳳三督倘以保督坐鎮係北直當將侯恂暫委以援汴汴圍解仍請改飭專督北直山東策應京師於是以秦督專轄陝西三邊居其首鳳督防陵專轄江北居其尾就楚豫偏沅鄖陽中改爲一督居其中其安慶池太淮陽徐滁等處一水之環水師則屬之漕督協勦陸師則屬之鳳督控禦事權不相統而水陸期於相濟又令黔督專轄雲貴川廣四省去全楚各地方之銜皖撫或加徽甯二府去楚豫兩省諸州縣之銜應撫則專理江南拱護金陵關内

外用遼協經略一銜以為督師如此則各按臣便於會稿道府州縣便於申報各路兵將便於提調錢粮便於察覈功罪便於稽考一有事用兵皇上但下尺一之詔於經畧督撫并巡鹽監軍諸御史令呼吸接應即可飛馳受命雖

然責任必專始能以自固者及人倘為協力二字反自疎防禦此推彼諉處處蒙飾此不過自欺以欺皇上從來積弊不可令貽誤到底乎若夫晋撫豈之提督軍務之事而獨無其銜登萊巡撫有援遼恢復金復海蓋之銜而全未見其事此臣之所未詳也方

今聖主宵旰衆正盈朝何以海内紛如騷動總由未
通盤算一全局督師督撫相率而路亟今不為講求
頒定恐設官愈多事局愈紊臣區區之愚敷陳逾格
芻蕘倘有可采伏乞勑下吏兵二部會同九卿科道
速賜酌議施行
崇禎十五年八月十七日具題八月三十日奉聖旨
行師制勝督撫事權甚重委須位置得宜這奏定經
制以專責成語有可採着吏兵二部詳酌確議來説
内黔晋二督原銜自明不必另議

清理既竣陳言疏

為清理既竣據職陳言以銷苛刻之原以期解網之大事臣惟有過而不棄者帝王之仁因事以效規者臣子之義日者欣逢清理大典以調燮之元臣代擴好生之帝德一時人情靡不感泣皇上矜惜至意上通於天矣今諸臣甫一報命而尚方寵錫輝煌隆重即以微臣漫無寸勞亦儼邀銀幣逾涯之賜弦諸往牒實未多見除臣於本月廿四日隨衆伏闕謝恩外竊念諸臣職在清理清理竟即畢各職矣臣職在與言清理之事有所欲言而未竟是溺乃職矣夫聖主

在上而尚恐有不盡之言皇上亦何藉此溺職之臣而用之而賞之故臣愚以為刑者天下之公也清之於後更不若慎之於先以皇上堯舜為心何故數年内百司煩苛結為陰慘良以司寇揆地當尚嚴急難一言之誤一事之舛必引而至極深極刻之獄因而羅織肆起士大夫之氣自結海内之勢日棼而皇上無窮寬大反為不善用法者晦矣自甄淑[illegible]獄薛國觀伏誅謝陛廨逐萬刻之風一變前此縲絏株連後先昭雪放棄耆碩次第允升於是皇上尚德緩刑之精神始朗然昭揭于薄海内外然則明刑勅罰所關

于理亂消長者豈微也哉顧清理千條萬緒時殊事異之後重鞫證犯定爰書殊非易易且其中冤者即幸得釋而所受刑官獄卒之欺侮三木囊頭之慘態破家蕩產之流離盖已久矣臣愚願皇上率此以往永除告密則疑獄自寡每訟平反則生全必多仍乞將加等從重之科嚴行禁止著之為令此則日日有清理之法無俟積之一年數年後而始行者臣因是不能不為去國之患世揚請也以其罹禍遂璫僅存碩果蒙皇上拔諸罪廢方慶朝端上有老成人典型奉命清理無一案不其難其慎仰體聖意推廣仁恕

乃偶以李日宣等罪名不當聖意奪官而去昨欽頒
遍及世揚獨不得躬承曠恩臣竊惜之又如徐石麒
清執素著于世揚砦心未結之局必恪以終若事而
猶奉有鐫級之旨今刑書清肅遠近懽呼仰求皇上
將世揚另議酌用名麒姑與湔洗於以酬厥勞不益
增美盛事乎若枚卜會推自李日宣主之因奉命再
推章正宸張煊或謬貪薦賢之賞忘其為濫採宋玫
房可壯張三謨或謬快遭逢之奇不自知逾格遂并
及罪在諸臣銜戴寬典方自怨自艾之不遑第以臣
屈指年來曾繫請室者如孫傳庭馬士英侯恂黎玉

田等今復戮力封疆詹爾選袁繼咸趙光汴張鳳翔郭景昌成勇魏景琦等今業并登啓事皇上使過勸功未嘗少有藏怒獨惜諸臣此案稍後不獲早與清理即速寇邀如天如地之仁也臣嘗讀唐史見太宗悔張藴古之死事後謂房玄齡曰朕當時震怒即令處置公等竟無一言所司又不覆奏遂決之豈是道理繇此觀之從來英主不遠而復近睹皇上以偶一免朝臣補牘特勅嘉獎銓臣瀝悃面諭加級揆古鞀鐸之懸其曷有閒又如宋之普不行廻避朱大典婁狀多端皆奉嚴綸詰問從前言官有無論奏以皇上

之樂聞言若此詰往事之不言者又若彼從來倡言
不諱莫甚此時幸值甌卜之盛而不為因事罪譴諸
臣稍明末倘日後明旨追論責任以不言之罪臣將
何以逃于斧鉞哉
崇禎十五年八月二十六日具題九月初十日奉聖
旨尚德慎刑是朕本懷獄情輕重原有定律法官若
能虛公執待自無枉縱惠世揚等已有屢旨了該部
知道

為諸臣請謚疏

為公論昭垂已久盛世揚勵宜周乞闡幽光以旌同難以愧二心事臣每慨古李膺范滂輩使遭時遇主亦何樂乎以氣節見也顧士不幸有氣節之稱世實幸而有氣節之士目今人心鮮恥媚 迎寇此非僅兵力可爭計惟表章節義使士大夫稍知愛身後之名畏當世之議斯維挽世風第一急著耳自皇上殛除魏璫崇恤正類凡賜謚不一而足但慘死諸臣除楊漣魏大中周順昌已謚外尚有左光斗繆昌期周宗建李應昇黃尊素袁化中周朝瑞周起元顧大章萬

熮若而人諸臣大節是難枚舉臣姑言其概光斗與
漣久侍先帝最號同心二十四大罪一疏皆光斗所
欲言而漣先言之者故忠賢銜光斗更甚于漣其死
尤慘昌期載筆自矢董狐雖許顯純殘酷亦知為江
南第一才子以受璫意指漣疏出其手故獨加另杻
必令畢命而止宗建擊邪不畏封事凜然乃糾劾郭
鞏反為鞏中誣以熊廷弼一案冤之又冤矣應昇之
指斥豺狼尊素之誓清君側皆以小忠信小恭謹為
不足任有古名諫臣風獄中各為詩見志比于正氣
歌殆相彷彿化中所云深宮大廷之内不應日侍以

多疑多懼之人朝瑞力請講學以探亂本二臣忠計防微生同鄉死同節誠不愧鄒魯之邦矣若夫起元所諫織造至今遺患三吳大章所定獄詞至今指掌邉事燝所請陵寢工用至今想見急公皆人之望也何至以忤璫因事殺之且并為奸黨雪恨乎大都諸臣居鄉必孝必友律身必清必正籌國事則必忠鯁必遠大履患難則必慷慨必從容為世運生以臣璫死衆正之不能勝一奸也遂若此聞其逮之日數千萬人泣送于道共祝生還乃騈首獄底遂至妻子隔絕不敢訣僚友欷歔不敢問行人涕泣不敢逈邇從

来璫禍莫毒于是然而獄産黄芝氣貫白日是其精誠可以感草木動天地顧獨不能回忠賢之怒今讀其封章閲其絶筆無非歸恩君父子弟為善之詞非盡無心能不悲哉乃猶賜謚有待此必皇衷所惻然不能已也然豈惟往事近亦有之如原任翰林編修胡守恒學粹品端著勞史館以告假省親值献革諸賊圍舒倡義城守捐金募士賊恨其堅持潛勾叛兵為之内應且懸示有擒髯翰林者賞千金居民素德其義泣請割鬚亡去守恒正色曰我為天子文學侍從之臣豈甘苟免求活諸君相念為救吾父出圍耳

城破賊入被執不屈身中數十槍而死嗟呼守恒急不避難危不負君死不忘親義不辱賊可謂轟轟一丈夫哉已經奉旨優恤乃猶或傳為孔將所殺有事再察夫孔將廷訓初報為自刎後報為降賊今又報為亂兵所脅愧刎未傷而獻賊殺之夫使廷訓叛而從賊一叛之後兵亦賊將亦賊也若果有日自刎情事是稍知人臣之義又豈敢殺守恒乎然則守恒之總為死于賊亦明矣詞臣鄉紳非有專城之責可以去而不去可以不死而必死報國孤忠橫秋張日尚可稍留疑竇以灰天下忠義之心耶又如原任山東巡

按宋學朱登車亟欲澄清禦　昔于援絕聞報濟城
殉義屍骨俱焚子弟招魂茫無下落噫亦慘矣度爾
時　圍數重持斧豸史萬目注視勢將安往而单騘
隻影非若守土之官攜有親屬炤應骨燼灰飛誰與
為殮其勢然也據吏承柴標馮章典史田多善等供
結并院道府廳縣看語皆由以南城為其死所然尚
未聞論定近日巡方率多巧卸可付忠魂于不明不
不白之案乎臣謂忠孝自在人心惟宜時時提醒使
讀書慕古者知所效法以諸臣勁骨芳猷即令考終
牖下朝廷尚當賜以易名之典況死璫禍死封疆若

斯奇慘何忍沉没伏乞勅下禮部將光斗等十人一
併議謚守恒仍遵前優卹之旨學朱或即察炤原撫
按劾奏量予恩恤并務速速舉行其或再有大節昭
為曠典所未詳并臣耳目所未及者仍聽禮部陸續
咨訪使海内知公道大明之日人人勉為忠臣義士
此億萬世不朽盛事也風化所關叙述逾格統冀聖
明鑒宥採納施行
崇禎十五年九月初四日具題本月十八日奉聖旨
崇尚節義卹死闡幽實關表忠大典必須確核允當
方足勵世服人這所奏著該部詳議確具覆

請考選充館員疏

為史館儲材宜備内外不妨兼收乞補兩科之選以

信明旨以昭宏化事國家遴用詞臣集翰藻之彦以

備論思收講幄之英而宏調燮名至美任至重也歷

科廷試而後率開館簡選吉士遵為典故至崇禎七

年乃停茲選伏讀聖諭館員先歷推知然此不惟始

甯七年恭繹陛下御極而後在戊辰先以庶常吉選

者二十七人繼以推知部屬選者十七人在辛未先

以庶常選者二十一人繼以知縣行人選者二人即

如庚辰亦荷召選五人前後三科可謂彬（略）極彬郁之

盛臣度聖意兼收或亦以國朝才俊輩出後不乏三
楊其人則專用內可矣并不乏李賢楊一清薛瑄其
人則兼用外亦可矣何甲戌丁丑兩科獨有不然者
計自甲戌至今考選數次其以知縣授簡討者止一
馬剛中十年以來儒臣落落當繇中外多故朝廷以
吏事責郡邑所急在兵農望奏報於封章所重在言
路故即臣等欣蒙召對皆補臺省然見陛下近日隆
重筵加意日講同文之化禮樂將興今續到候考將
四十餘人臣愚以為庶常復于來科而館員先歷推
知之旨今似亦可并行不悖以諸臣勞心于甲戌丁

丑之間翹首乎戊辰辛未之例其中兵荒磨練已久擬陳前席之譚皇華閱歷亦多詎忘鑾坡之對向使神懸玉署夢杳金門是詞翰一席諸臣甲戌之後以停庶常不得與癸未之前又以復庶常不得與雖君臣子居官隨分恪職然載筆所及將毋為泰平盛美中留一缺事乎伏乞聖明察炤原旨此番考選量拔數人以充館員俾得與来歲庶常頡頏黼黻使海内俊傑之士爭相琢磨志氣既亟勉于石渠天禄用備乎顧向問啓沃之猷并留心于錢穀兵刑益大其鹽梅舟楫之用豈惟甲戌丁丑兩科復誇盛事乎後或即率

此以行與庶常相表裏亦無不可是所仰持聖裁特
昭曠典者也至于考選宜公宜速臣同官已有言之
者不敢復瀆聖聽裁矣
崇禎十五年九月初六日具題二十二日奉聖旨史
局需人已有旨仍考庶吉士這行取各官着聽候靜
裁鑒不必預請致滋紛競該部知道

登聞疏

為登聞事本月初十日該臣等直鼓接得告狀人係直隸松江府華亭縣人楊尚能狀詞一紙為梟宦詐死欺君橫行慘毒懇祈聖明立賜剪除以昭國憲以拯生民事看得謝秉謙之為死為擄為逃此曾經東省撫按行察數載不能得其詳者是以奉有謝秉謙下落著行原籍撫按察實奏明之旨今華民楊尚能之控或與其子弟家人因事報怨盖未可知但原詞内有秉謙詐死欺君今藏匿伊戚李允芳家等語臣等細鞫尚能供稱本年三月初七日親見秉謙于楓

涇鄉同伊子廷蘭清明掃墓一保居民見者甚衆夫
秉謙奉旨行提如果借　逃匿乃敢公然回故里出
村落以面孔示人乎且詞稱受害係楊時敏何時敏
不行上　控尚能走數千里以姪代之奏内情事有不
敢即信以為真者而又不敢斥為誑因秉謙既在奉
旨行察原籍撫按亦必有難破之疑團不能不詢之
地黨今合無將尚能逐程遞回以聽彼處地方官就
便鞫訊則真偽真辯真則作孽者不致漏網偽則無
辜者亦不致扳累原狀應否封進統候聖裁施行
崇禎十五年九月十二日具題九月二十六日奉聖

旨謝秉謙有旨行原籍地方官察緝地方官何無奏
報夲内隱匿造惡等項事情着該撫按詳確訊明速
奏楊尚能着錦衣衛羈候另奪原狀不必封進該部
知道

諫止選妃疏

為治先無逸道貴久成乞暫緩嬪御之選以昭皇衷憂勤以鼓中外勇慷事臣閱邸報恭捧聖諭傳諭京城内外各衙門預選良家子女純良清白容貌端潔者以充九嬪夫九嬪載在周禮事關宮闈重以祖訓且以毖飭夫郊廟寢殿庖膳諸禮節皇上此舉政為動合天人至當不易豈其或忘風愆之箴怠荒之戒有煩于外廷小臣過慮饒舌者爭頎臣愚以為朝廷之事有緩有急有逸有勞明主圖其急而舍其緩趨其勞而遠其逸是以至誠不息久道化成終厥盛治

二字原□字看不明白

馬方今外　內寇海內騷然而臣民猶尚帖安可恃
無恐者良以皇上親賢納諫凡郊社大典何一不舉
行兵農大政何一不釐覈且好學孜孜朝覽章奏夕
討經史講誠正之道為修齊舉清　之毓德二王之
蒙養皆于皇上式觀身極是以九邊將吏四海窮黎
聞聖躬之不暇豫如此以為天時人事必相感終致
泰平故雖塗其肝腦以事枕戈而不避罄其血以供
飛輓而不怨也乃于修省渙號屢頒之日忽傳此詔
在皇上稽諸典彙考諸往牒其難其慎而後為此諭
萬無稍有即安致弛宵旰但恐宮府內外或有不善

仰承聖意者將毋從此各懷宴樂遂忘外患乎則臣且鰓鰓懼矣臣嘗讀史書逸樂之儆載在禹謨女謁之盛嚴于湯責見古盛世君臣無一時一事不交相警戒以皇上同符禹湯克艱厥后何刻少忘即臣今莊頌聖諭有邇因中外多事未忍舉此朕登極十五載從未進一人之語則皇上前此殷憂何等敬慎計今雖朝端清明衆正登用然中外多事仍如昔也不敢謂灾沴不現而時和年豐也不敢謂驕命不行而師武臣力也不敢謂剝復無虞而小往大來也不敢謂姦宄潛銷而安外攘也不敢謂野無不歸之鴻地

地無不耕之土而興屯墾荒遠有成効也有一于此即不可謂之已安已治乃十五年未忍行者而今行之竊恐大小臣工或誤認多事之日遂為無事之日也昔高皇帝大宴功臣惓惓不忘艱難謂人之常情每謹于憂患而忽于宴安夫功成極治之際祖訓尚如此而况今日乎且聖諭飭在內諸臣着預辦錢糧臨期應用皇上富有天下寧惜此費顧臣又以為節儉之端先行自上今戰士長征饑民露處因額賦告匱內帑之發絡繹不絕憂時者尚恐其難繼無以拯此無衣無食之民應此呼庚呼癸之士而使計臣竭

曆于兹典禮或亦于急先務之道可再籌也臣猶記
天啓年間訛傳選嬪民間子女嫁娶幾空婚配非偶
後不勝失所之嘆今聖諭分别甚明且不過止及京
城内外而傳之遐遠恐有奸民藉此煽播兵荒流離
之餘雖復堪此皇上視民如傷嘗慮匹夫匹婦有不
被澤臣有所未安于衷又仰見皇上不即速行尚待
來春之至意何敢不明白入告今不敢即望收回成
命但乞姑俟寇削平之日然後肇舉則睿慮益勤于
講幄臣鄰益惕于幾康邊士益奮死綏小民益勇于
供賦舜業堯兢愈加昭著將震虩遠豫樂可成所謂

先天下之憂而憂後天下之樂而樂更與皇飢溺同

民之聖衷爲大愉快矣人臣愛君必于其漸臣幸際

昌言不諱之時區區愚悃伏乞聖明鑒宥採納施行

崇禎十五年九月二十五日具題奉月二十八日奉

聖旨宮闈典禮料理不能缺人前諭傳示甚明不必

過有疑揣該部知道

江北十策疏

為謹獻江北十策以資戰守以鞏豐鎬事臣考中原之分河之南則江之北也賊所耽耽者上則汴梁下則淮揚觀其目前以全力爭汴則轉盻必以全力爭淮揚明矣今廬既殘破皖幸瓦全其凋敝已與廬等所幸鳳督新吏皖撫再易總漕以威望素著竣漕繕兵力任合勦一時道府廳州縣等官無一非新經簡拔而皇上垂念高皇帝肇基之宇陵寢并重之地視汴城更甚加餉增兵請靡不應則江北之事勿謂不可為亦願為之者何如耳臣皖人也謬獻十策亦殊卑

鄙然使其行之而能力亦未必無小補焉試一一為
皇上陳之一在借力江南長江天塹所以分南北也
今幸江以南無事須於江北先固藩籬從九江至京
口一帶水師宜分布江面使巡舸嘗通會哨不絕如
狡賊窺渡則登岸截擊之聲氣犄角賊不惟不敢偪
江且不敢偪陸此即備于登萊張水師之意是在南
樞操會同江撫應撫悉心調度毋秦越人相視也一
合楚豫開汴梁河從大兵四集賊不能得志于汴勢
必東奔突汝寧則危在廬鳳突襄黄則危在皖近報
小袁營敗衂下連獻革幸傳秦督出關軍容甚壯恐

闖曺亦奔江北當預勅孫傳廷會同侯恂整搠秣馬
視賊所向奮力夾擊毋止頓兵河北坐失事機也一
酌用左鎮該鎮自朱仙鎮失利徘徊襄陽頃聞掠旅
再圖援汴何遲遲也頃臣聞行間之語献革諸股猶
畏良玉嘗撥馬以探其信如汴圍既解乞勅左鎮星馳
江北援勦力收桑榆以祈自贖或猶愈于求將滇蜀
西江難待也一控制要地江北諸郡惟廬州居中無水
可恃賊破廬而據舒六蓋欲使皖鳳隔絕俯闞淮揚
今議收拾廬城必合總漕鳳督皖撫之兵以一枝趨
桐城一枝出英霍一枝扼壽春一枝控滁和四面張

羅而後有濟非孤軍一旅所可輕議恢復也一屯田鳳泗二陵所在必得重兵防守蒙皇上遣發禁旅賊一日不平禁旅一日不能撤而禁旅責以分勦不若專責以守陵察鳳泗荒田最多乞勅戶部給以牛種之費令其同原守兵輪環班耕種一應事宜即令鳳督與屯田道董其任則環陵而耕其守益固其力益裕將來禁兵撤而屯田已成專以主兵土著行之斯長久之道也一清察絕糧古者料民之數登諸版籍今江北之民兵荒疫癘死喪過半甚至一戶一家無噍類者抛荒田產誰為承業乞勅各州縣重料民數

統計荒絶人口若干田產若干彙報撫按奏請若何安插則田不致永蕪賦不致旁累此清源之夲圖勿云緩計也一多聯山水寨民避寇者必有所依非依山即依水而約束素未籌畫偶爾烏合一衝即散今當令相度山水形勢所在各立為寨擇地党中有身家者智勇者領袖之昔宋葉適為江淮制置使所上僅塢之議在今日政可行也一拔用地方傑士凡挺險倡亂者非巨姓之豪必捍鷙之輩黄公三畧首在務攬英雄今督撫專制一方何不能收羅可用之士使其忿而從賊先臣胡世寧謂民間賊盜多是豪傑

莫若即此輩而收之非無見也今當令州縣不拘士民察有勇力謀畧者盡行申報隨方委用有効者則彙疏入告量予銜職强健者安置得宜其脆弱者無能為也一分别船户每見沿江船隻非借名王府則掛號勲戚十百為群真僞莫辨既騙國税閃差徭又帶禁貨藪盜賊乞勅操江巡江總漕諸臣嚴行稽覈并于各關置一號簿逐日登掛如有假托名色後經察出者按法究治他如江湖小民扁舟為生非若巨艇大商又如近日避寇藪處者不過乞命須臾偷安一葉乃聞郡縣運漕派差勒至苛及故前此三山之

嘯聚巢湖之搆賊皆迫而使然所當并行嚴禁以甦澤國者也一收卹難民凡民之被賊擄者遇官兵至則驅以受刃去則委之乃其輒以轉賣失所慘甚今宜嚴勅各督撫凡將官于賊陣中實實奪回良民子女三名口者准戰級一功有擅賣一名口者與殺良民同罪如是而懲勸既明所全活者甚多也以上十欵舉而行之惟在各督撫辦十分真精神運十分真膽識務身先士卒而不避勞怨務念切國家而不懷私便務鍊兵勿止言募兵務清餉勿止言增餉文與武必人人使之合志則事貴講求兵與民必處處使

之相安則道在威信且罷樞西市之戮可為寒心叛將陣前之誅能無股慄凡屬賢者義矢同仇誠各竭智畢慮豈不更有什伯於臣愚之所條議者哉事關戰守例不限字伏乞勅下户兵二部速賜申飭施行

崇禎十五年十月　　日具題

言汴事疏

為成敗之局當察其原敗事之人宜去以早仰乞聖鑒事以弭奇灾以安重地事臣聞汴梁河決宮殿城樓俱付洪濤此非為本朝所未有亦從古不經見之變臣撫膺歎曰是誠天數使然哉夫天數固爾亦不能不追論人事也聞汴之北門距河僅十里許今春彼中建議者許城外有天王寺朱家寨皆可屯重兵若干兩旁掘壕守之最便運糧入城因當事策不出此轉盼復圍束手受困幸今塘馬役後聲息易達調度始靈而久疏之防布置莫及雖五月死守勞不可

沒然與澤國爭民蓋已晚矣今周藩既渡河自當候
旨若何安止所慮文武各官因圍以水解反存懈志
乞勅行間督撫鎮將亟察賊所往同心擊劉而秦督
或徑走南陽趨汝寧一則犨崇藩以護周藩一則聯
左鎮以援江北更為先著若夫河堤須守始免泛溢
乃向傳賊掘提（堤）灌城不聞城內與河北兵將有一矢
一砲加遺遂坐視其掘且曰并以灌賊也今不知賊
之死于水者幾何而民其魚矣向使水之入不繇所
決之口則河伯誠不可問若其因掘而漲乎則臣不
能為守禦援劉諸臣解也豈惟汴事夫防邊猶防河

也從來籌邊者 戰于關內不若守于牆外自錦義
松 失于先防同時淪陷寧遠遂為孤懸今移范志
完住扎關門今其兼督薊鎮返住千里之地終非長
便除臣先經具疏入告仍聽部覆外不知三協守兵
之餉初何故減于戰兵無事則守者願隸籍于戰有
事則戰者但諉咎于守是兩相遁也且中協易犯之
口倍于東西二協乃聞其兵馬虛弱獨甚月餉壓欠
獨多見于巡方鎮將之奏者皆係身親目擊不識從
前月報修練騰飽者何事乎則臣不能為向來籌薊
者解也以此推之九邊處處當為豫防而宣大尤要

蓋自大寧予夷遼宣阻斷　每犯宣大輒突陵後用人者何心而乃以貪庸之李鑑當之鑑之品廷議所共嗤也耿非能視利輒薰心傀儡假手于中軍潛通于門役頗聞其放糧先定除頭非得白副將幾致鼓譟修關則派富戶見有在城廳簿籍昭然撫賞段布且易為起利之資陳俎豆等皆呰于借領金帛參榆惟聽其節序之嗜頗重耀實籍為腹心史記賢杜延勛等皆係賂得之官王清頗二等皆其傳賄之蠹種種穢蹟難以數記近報　而第一要鎮節鉞如此何以聯三軍之心鼓各邊之氣乎聞按臣楊爾

銘尚不能以同鄉為之庇則公論可知矣伏乞聖明立將李鑑褫斥究治并察中協積年單虛汴梁一旦漂沒之故則懲前毖後法立而事畢舉矣臣愚幸甚中外幸甚為此除具題請旨

崇禎十五年十月初三日具題本月初五日奉聖旨河決異灾是否繇狡寇所致著該督撫察明奏奪秦師宜視所向亟圖勦蕩不必懸揣餘已有旨了該部議自有鑒裁該部知道

後登聞疏

為登聞事本月初七日該臣等直鼓接得告狀人係福建漳州府南靖縣人林壽林英等狀詞一紙為勢寇異逆窜民坑儒七命待斃囹圄一家死亡無所懇乞聖明勅究以甦釜魚事看得訟莫重于盜賊盜之為害莫甚于攀累今據閩民林壽籌等之控使林三為許九初案內原供有名之人事已數載矣漏網驚魚雖偏執族人而問之倘係初鞫內所無則畫蛇添足遂至監禁林益等七名兼有年幼子衿林巽火在其為貽害不既多乎目今聖明清獄解網雖有罪者

尚議肆赦之條如係案外豈容波及復具有二十年通政司移咨闞院抄稿內稱許九等之為大盜此本司在漳時所穩知恨不能一時懸首纛街據此則九之盜情既真而林三之或為莫須有不可不察也至詞內所稱勢宦許光岳庇族窩盜偏詞未可輕信但臣每次直鼓輒見壽等抱詞哀鳴萬里赴控不得不為上陳其或出于膚受則自有原案顛末在矣伏乞聖明勅行彼處按撫按速為察結原狀應否封進統候聖裁施行

崇禎十五年十月初九日具題本月二十二日奉聖

旨這奏內事情著行該撫按從公察明結原狀不必

封進該部知道

糾張福臻疏

為特糾黨逆餘孽以明是非之公以清中樞之地事臣盖痛心于年來疆事多壞樞督非人始終不能為擅竊部銜添註樞貳之張福臻解也福臻之督薊也臣于今年五月內曾具疏糾之矣內以保逃將王樸薦用逃監軍張斗王之楨求皇上詰問福臻是何腸肺密封下部至今未覆而福臻褎如不聞也今蒙皇上俯鑒群言撤回赴部臣具疏條議督撫經制內偶及福臻衰庸驕拗撤之誠是福臻則悍然肆辯且謂究以公議之雌黄亂萬世之青史臣竊訝福臻何人

尚知有青史之筆將毋臣論之太苛乎彼按臣韓文
銓闕臣衛周允皆疏稱其中協單虛兵馬獨盛者此
何說也及臣簡閱垣中錄書始知為建祠媚璫之邪
黨逆案中幸而漏名益知其辱青史匠自今始矣蓋
福臻先為昌平道當梁夢環吳淳夫倪文煥劉詔閹
嗚泰為魏忠賢會疏建祠皆繇福臻申至掾云該本
道看得東廠魏功在社稷惠洽軍民剔蠹以振綱紀
節用而裕物力捐餉輸馬九邊之綢繆皆周建祠立
碑萬口之頌揚載道況昌鎮去京咫尺倍荷軫息之
恩每謁陵自備供支久造地方之福近三王辭陵同

呼曰原本作日呼

日復一切冗費俱裁較前一王之臨便省數百金之
用此雖繇(聖)主之明旨樽節賢王之令德光昭總懸夲
廠之調停妥當若民若軍若商賈真感德而不能忘
輸心輸力輸財糈豈建祠而尚客(容)已且廠部鎮均有
懿德之好夲道亦實得人心之同為此詳採群情上
陳夲部院伏惟賜題允行昌鎮即建夲廠魏生祠庶
輿情丕暢世祝不朽于崇德報功之典亦有光矣等
因且一則稱美舉再則稱曰美舉懽欣鼓舞惟恐或
後于是昌平之崇仁祠通州之章德祠同時并建臣
見其呈不勝髮豎眦裂呼△曰△異哉葦穀禁地公然俎

豆權璫且稱東廠魏對君而不臣名無將之戒實首
自福臻犯之乃皇上御極之後梁夢環吳淳夫倪文
煥劉詔典刑矣閻鳴泰遣戍矣而福臻既逃兩觀之
誅復逭三苗之竄且竊鉞蒙面至今而無人發其奸
也豈當日旨多秘密疏未抄傳故海內人士不盡知
其醜態乎抑亦福臻工于藏掩痴骨褊衷飾為可用
或曰姑存之以備乘雁雙鳧之數云爾夫古今治亂
之端不過邪正兩局凡景星慶雲和風甘雨正氣之
感也夷狄盜賊疫癘洪水邪氣之應也然則今　寇
不即平天行不即順災變屢見河決異常識者竊疑

都俞吁咈之朝何尚留此陰霾氣象今乃知小人之
根株未盡除履霜堅冰不可不防其漸也昔宋用呂
惠師而劉安世憂蔡確章惇之類如蝟毛而起今福
臻容容苟苟臣不知其奸視惠卿何如但天下之為
確惇者蓋不少矣朝端留一鄙夫不知生群小幾許
覬覦今臣不必于福臻別加品評但即其原呈揭出
使福臻自讀之清夜捫心果當美舉之稱乎使天下
後世并讀之因事誅心能逃青史之罟乎曩者唐世
濟應喜纔一薦逆便蒙皇上赫然震怒何況福臻身
為黨逆可仍令不廉不恥橫犀如故且佐樞重地入

則與聞機密出則并籌戰守豈乏端清宿望之賢者
克勝任而必于福臻求之臣顧用人者再于名節封
疆一細籌之也伏乞皇上賜察天啓七年三月内梁
夢環等御前建祠紅本則福臻之陋狀不待臣言罪
案亦不待臣言矣
崇禎十五年十月　日具題十一月二十七日奉
聖旨張福臻已有旨了光時亨不得苛議

申明摘叅疏

為申明摘叅之規以清沉獄以廣皇仁事臣聞諸易曰先王以明慎用刑而不留獄不留言乎速也惟明始速留則不明矣惟慎始速留則不慎矣今聖明離炤當空禹湯泣罪一番解網寬獄盡雪而猶遵例有事摘叅者則臣前疏所謂日日有清理之法是也請以内詳計之科抄到司即當計日具稿乃有遲之數月一載而不以呈堂者矣以外詳計之部咨到撫按即當按季回銷乃有咨至一二十次三四十次而不行歸結者矣夫小民之罪日生聽斷之官遞易柰何

以闗人性命身家者坐任沉閣而不動念乎或藉口人犯難獲非礙於面情即怵於强禦或支吾賍罪難究非飽吏胥之槖即染那移之手雖其閒必難獲必難完者亦誠有之然駮烏驚魚緝至年深月遠豈宜永累夫族鄰盈千累萬追至産盡人亡何妨乞恩於寛政前此酷吏深文反自畏避於請銷請豁之不易今聖政寛大肆赦豁賍仁無不覆而猶不能仰承德意此持法者之過也尤可恨者註銷摘參弊莫大於遺漏今各司率多此弊而山東廣東司爲甚山東司雖止漏造二件其一則爲奉旨勘問之張若麒註銷摘

叅二簿皆不造入何其知有若麒不知有國法乎廣
東司漏造多至二十二件且察循環底簿内有楊壽
祖羅憲陞商朝仕楊竒琳蘇九瓚等已完過賍銀共
三千七百二十七兩零于本年五月初二日解部訖
既不行註銷又不行摘叅然則此銀將何稽察乎豈
胥吏為政該司官全未寓目耶今清理竣後取到軍
徒杖笞各批收方經銷訖謹摘其事關重大者仰乞
明旨申飭議罰毋令季季而叅習為故事不惟吏有
所懲而官亦有所儆矣若夫嚴冬冱寒圜土之内慘
於霜雪冷侵肌骨疾病易生凡官民各犯情罪稍輕

者懇乞勅部通行察出暫令一体發保俟春和仍舊
收禁斯則聖恩浩蕩非臣所敢擅議者敢因摘摘叅
而並及之伏乞聖裁施行
崇禎十五年十一月初三日具題本月十八日奉聖
旨摘叅遺漏該司官何無稽核著即察明并本内未
完事件嚴行催結照例議罰官民各犯情罪稍輕應
否發保該部併議奏奪

論河南疏

為中原勢處萬危畫策須圖實濟謹陳芻蕘仰祈聖鑒事臣觀朝廷近日百務俱當惟行師用人之道猶未當行間百議俱備惟選將練兵之道仍未備臣未嘗不屢疏言之而奉行者率如充耳也今中州事蓋岌岌也寡識之士或且以水災為幸而秦兵出關漫付一擲并同逝波且若之何臣以為天下非無才也頗才未必皆諳軍旅公綽不可為滕薛大夫能盡人而皆方叔召虎乎帝堯之世以鯀之才舉於衆示免圮族四岳九官不皆能治水今人人能禦寇乎近

若陳奇瑜丁啓睿楊文岳等建牙一方猶或難之而驟仕以督帥總督用違其量僨轅宜也頃推豫撫王漢庶幾謂得其人但節鉞之任須合群策群力聞今河南司道府有年邁七八旬昏瞶倍常者矣有退處河北不敢渡河者矣有報陞已久至今未任者矣有已任無衙門駐劄者矣如此欲望以分猷効力折衝禦侮能乎似宜通行察出才智堪用者必令實任若事其不堪者速速題請勅吏部盡破情面一一更換不妨先計典而行之臣竊以為此漢與按臣之責也秦兵慣逃今已三見說者謂寇起秦晉馬首相值寒

温道故恒理應然督臣孫傳庭力能誅賀人龍而不料人龍之後復有人龍所稱節制安在乎今仍宜令收拾未潰各旅細察倡逃者何將戮以殉無赦臣竊以為此傳廷之責也臣聞趙光抃之言曰寇不得志於汴勢恐復圖洛陽以據成臯之險在賊争洛陽為下策而我預鞏守洛陽實為上策臣反覆斯語似非無見然則今日之勢恐難再專恃秦兵惟有令王漢鼓中用豫中諸土寨為第一義而楚有三輔責令聯合左鎮用楚援豫實以為楚惟是師行糧從督餉司農各宜多方接濟勿令乏絶頃臣猶憲兵荒之地近

多蠲免有額之餉未易應屢潰之兵賊動稱百十萬
今必另湊餉二三百萬召募勇敢始克掃蕩臣愚頋
廟堂之上盡停諸不急之務力議節省自上風下尋
常士庶之家稍一裁節可裕經年之計何況朝廷之
大四海之廣乎如再不足惟有内供本色錢糧求皇
上勅令該衙門察除萬分匱乏必不可緩外或有何
項可以改折姑准徵解折色一半暫充軍餉其鋪墊
銀仍如額交内庫轉盼寇平照舊辦納此萬無可奈
何之計舉朝所未敢輕言但目前北防河南防江東
防漕西防陵權於大利大害恐不得不出乎此忠計

體國者寧乏同心乎新司馬張國維臣曾與共守皖
上服其虛公勤敏事第目前　從前敗局另
須再造其要道亦不外乎遴督撫簡良將練實兵三
者而已臣草疏畢　目下嚴守三協防
宣大近畿郡縣堅壁清野刻不容緩先臣劉大夏謂
薊保二鎮比於古之三輔今薊督遂撤而保督調以
剿寇將無失原設兩督之初意乎至於戰守初非二
事乃　者謂撫主守督主戰此議不知始於何時
殊為謬戾必須勅部再行確議以便督還薊保督歸
保外壯三輔內固京營而督撫必皆令以守為戰以

戰為守然後成犄角互倚之勢　無患也臣寡昧
愚忠不識忌諱尤望勅大小臣工敬恭一志終日講
求禦　勦寇之實著而皇上亦終日留心於此二大
事須如二祖開闢草昧之規恢中興之業庶計日可
竢也已統明聖明俯採立見施行
崇禎十五年十一月　日具題夲月十四日奉聖
旨河南需人料理司道等官著該部察堪任的責成
任事其庸邁不堪的即與更換收拾潰兵鼓用土寨
已有屢旨再行申飭保督歸保　借處粮餉等
項事宜該部速議具覆

六欵疏

為制　宜審全局布置當識先機敬陳大端以佐幄籌事臣聞兵家之事知彼知己　不乘秋高其来遲而至甚突者知我三協之虛中原之潰也纔報　近邊忽報　入口者我不知　之蓄鋭於三年潛師於錦義也今日之事必先内以及外而合外以護内然須成筭確然握定再無一著之錯始克決勝除明偵探清奸細通米煤收粮運調援師酌免覲勸捐助速孜選弁河北山左務相犄角屢經諸臣條議不敢再贅外請復陳其要畧可爭一安人心城内窮民多而

溫飽少即長辦皂役二項不啻以數萬計此輩赤窮遊滑即勅各衙門預給應得工食一季買備煤米以安其心并資其力而丐食乞　責成五城御史并兵馬坊官察明来歷姓名一一登簿日則給粥夜則收坊費過米銀准於户部銷算是即以不測恩施寓内清之法也一護外解　寇并急道路多梗州縣錢糧必皆裹足不前今當責令設法起解或即以領解員役跟隨各省直入援之兵藉兵衛餉然必先奉明旨責成督兵官力為防護倘有踈虞并治其罪則外解仍可源源也一儲選邊才近如趙光忭王鰲永馮師

孔等皆以奉旨陛見幸收旦夕之用倘再有督撫急
缺求才寥寥矣乞勅吏兵二部咨訪外邊司道衆推
知兵者多取數十員或調補近缺或添註京職以聽
不時推用其見任六曹中才品超卓者亦預行採擇
貯之夾袋庶不致臨推乏人也一節制援兵此番逆
恐爲久持之計調援各路兵馬非有督師統率恐
紛而易譁臣愚謂西北一帶當屬之吕大器大器見
奉旨遴補樞貳又從西來控制甚便且屢經人言謂
其巧卸可仍令悠悠道途不爲朝廷効一臂之力以
自解乎乎若東道兵馬亦必得一人節制或於李邦

華李繼貞二臣中擇一可也一頒示賞罰年来武功不競總由賞罰未當今宜大懸賞格能擒四酋者爵通侯能擒其娀夫姑娌孤山牛鹿獐鷹擺言并孔耿佟李諸叛臣者分别加級如奉調不前臨陣退縮者偏裨以下即許督撫大帥立斬軍前以殉其督撫大帥觀望畏怯坐失機宜者亦論以司馬法斬無赦如是而後人心肅然　雖悍不足憚也一設伏奇道薊鎮一路重山疊嶂其勢山首尾狭而中濶兵家稱為圍地亟當以禁旅邀截之不可因邦均遵哨五六騎之報遂懷趦趄若勢勢漸偪或趨陵后或争通津俱

當預飭奇師一旅伏而不動以待其来而登萊闗外
之師不必責以入援當令其整搠時出疑兵以撓
之深入以斷　之歸路善變者必有静著以待動最
忌東西紛調胸無定裁自亂全局也以上六欵畀之
無甚奇畫然芻見所及不敢不以上聞至於臣前疏
條議中原防勦及聯合左鎮并三協督撫不宜以戰
守分為二事未奉明旨是亦今之要著統祈俯察速
見施行

崇禎十五年十一月十二日具題十四日奉聖旨這
奏内安人心各欵語多可採并前疏俱着該部速行

議覆

分别獄囚疏

為分别獄囚嚴禁訛棍以杜亂原事臣觀凡兵之起也必先有奸伏於内況　蓄謀已久其細作潛布無所不至以囹圄一片地種種聚諸不法盜賊人命作奸犯科之徒應勅提牢官吏不刻嚴防每日　餽送獄食皆當一一點察恐藪奸弊若情罪稍輕者臣前於摘參疏内請乞酌量發保而此際煤米騰貴獄食尤艱法外之仁總惟高厚至京師訛棍實繁有徒乘此人情易動或妄傳塘報搖動軍情或捏造妖言鼓煽愚衆甚至有授人意指騰播蜚語傾陷善類者從來

夷狄盜賊宵小恒相因而起此又消長之機不可不

慎所望勅五城御史嚴行禁戢者也若鼓狀往例有

警之際暫行停止俟事平如舊統祈聖裁施行

崇禎十五年十一月十五日具題本月二十日奉聖

旨奏内分别獄囚量行發保該部即酌議核奪鼓狀

准暫停止餘已有旨了

續陳戰守疏

為續陳戰守機宜事今日中外之勢蓋　然履此者政當以氣定神閑應之夫所謂氣定神閑者非悠忽之謂也亦在任事者有　確見耳以用人言之薊督〻經臣疏呂　久奉明旨今皆事急而後推盖已晚矣況保督保鎮　喫緊尚可不確議實堪任者悠悠從事乎候　各官五十餘人其中頗多拔自兵荒慣練城　智可叅帷幄才可當一面者聞兵部題選十二員暫備樞曹旋當改授陞擢然後覺增一番轉折況不能書選者尚多乎今冢臣鄭

三俊既已陞見其清公素著無雖首行此事以副聖
明旁求乞勅令即日速行致選在銓部止費一日之
甄別皇上亦止煩數刻之召對而得人資用收効旦夕
乃不此之講咨嗟之才不猶置騏驥而求馳驟乎以
調度言之聞有議撤三協薊鎮之兵歸守京師者此
其說似以是而實非也夫神京根本誰曰不當增兵固
防但 數次 入犯未聞久頓城下今誠于城内清
奸細安窮民以一知兵者提調京營分布於外厚防
通津以護粮設兵西山以護煤如此 雖十餘萬衆
猝至無能為也至於三協薊鎮之守仍當如舊倘大

大隊未盡入尚有所牽制即令大舉并進不惟防其反攻山海并可奮幟疾趨共圖夾擊之勢其各路援兵止當視　所向相機進止必以與　對壘截殺為功而河北山左之兵固宜稍前互相掎伐仍不可刻弛寇防當此水堅易渡　患固大寇患亦豈小乎若各援兵俱調赴都城　以一枝犯陵後一枝阸通津一枝盤西山令我煤米路絶則城困而兵亦困矣行間將帥利在擄城而守名為捍禦實任逍遙往歲援兵四集坐令　蹂躪郡縣飽掠而去者職此故也兵法曰致人而不致於人想樞臣於此已有定計可

不審全局以爭勝算乎誠得吏兵二部各得要領皇
上可省無限焦勞調護聖躬而亂自定若夫城上軍
令頒示宜嚴軍聲動靜宜一責在總協軍器長短宜
全火藥人器宜習責在工部各廠之米若干實數各
兵之餉若何豫措責在户部内員宣勞毋凌部員毋
虐守兵責在各門提督亮事屬同舟無俟臣言之畢
矣伏乞聖明通行申飭施行
崇禎十五年十一月　日具題本月三十日奉聖旨
戰守任事實著説得是玫選用人面諭部院已明吏
兵二部務得要領可省朕躬焦勞并責成總協户工

及各門提督自屬正理該部知道

積煤疏

為煤米議積已久乞察實數以資城守事臣入垣之始即具疏令各官自積煤米爾時猶多訾我議為張皇者今不幸言而中矣奉旨部議之後又屢經部諭嚴飭臣原議米三十石煤三千斤今米已儲太平倉取有實收煤已買備寓内報數南城御史聽候支用自愧為數無幾然亦稍盡臣子急公之義於万一耳不識大小臣工通共報過煤米若干管倉主事并五城御史實收過煤若干當此 逼門庭同仇大義誰敢先身圖而後君父況此并所以為自為身圖乎懇

乞明旨通行稽察凡報過者應資實用或戶部議價
或即行捐出如尚有報而未買者亦必須速買著戶
部五城御史一一驗過共計總數可備若干人幾月
之用始為不虛此舉若有名無實將謂臣言不足重
豈明旨亦不足重耶抑臣又有說焉積煤更急於積
米用煤更艱於用米聞近日城內已有折椅桌為薪
者不亟早計為憂滋甚蒙皇上慨勅戶部發銀一萬
兩買煤第恐戶部之銀尚須外解仍同畫餅如各官
報煤未買者或即赴戶部如數納價以憑彙買衆擎
易舉是亦救急之著然必須戶部并五城御史大破

情面而後可事如拯焚倘猶稍涉顧瞻亮以忠義自矢者必不敢出不忍出也至於小民用煤當必儉之於始除紳士大姓外計惟十家五家合爨而炊其每日又止晨炊一次午後即以晨炊所餘者炒食則一日可省數日之用蓋愚民但知目前不慮經久所當勅五城御史大張告示諭以常情常理令其通曉遵行者也言之似屬瑣細而關係實重統祈聖裁申飭
施行

崇禎十五年十一月　日具題閏十一月初一日奉
聖旨這積貯煤米著確察實數速奏餘已有旨該部

知道

速定戰守疏

為

勢益偪　謀益深乞勅大小臣工速定戰守實著以䇿宗社事自報　警以來業十餘日建議者人畫一策而實行尚少則責成之道未盡也軍機介在呼吸迺明旨需之數日部覆又需之數日其局已換矣雖然戰守大勢古今不易臣請先言守次言戰社稷之重關係一城若後人心而止憑雉堞不足恃也薊門天險據報西門砲響一聲各處火起則其伏姦內應豈旦夕之故乎况都城地廣藏奸尤易且兼聞各廠實糧止可供兵五月而窮民甚多儲無擔石安

所資食臣愚謂每街五城當領一印簿擇殷實才幹
者立為巷長街長者四人街短者長二人即以本街士
大夫子衿督察之并列名簿內稽其生理以覈往來
察其窮乏酌行賑給有踪跡可疑無人認識者必速
行逐出此守巷分信之法也闌報　馬騎在前步營
在中砲車在後我之西洋大砲多為　得今如以攻
城奈何闌惟柔可以勝剛如棉絮之類當多備數千
以應緩急他如藥弩石砲長斧鉤鎗月牙欓虎义等
項皆不可缺此備器卻敵之法也京營兵率多鄉居
每月輪操止了故事今莫齊於此時且每日空閑當

責成總協逐門團練選教師練技勇尋常騎射鋭砲之外當并習刀槍牌棍各器内城練于門上外城練于門下即以坐門各官同總協察閱有技勇超群者另給賞格不惟可以得死士内作遊兵外作衝鋒而試其謀略即將材可於此得此乘暇練兵之法也三者備庶乎成守而戰乃可得而言矣則一在講求戰

恃馬騎我之馬寡而弱未足當之今必以步勝騎然先須有以安定其步令有勇往之胆無退轉之路則劉琦之用拒馬木岳飛之用麻扎刀成法具在而拒馬木麻扎刀必須預備也一在擇地勢　利平陸

便衝突我當避平陸誘而致之林藪林則可以用伏
藪可用毒兵法致人其機在我今當令工部攷究三
協薊永津通保鎮一帶圖形令善畫者繪出以給各
援兵将帥令知趨避也一在善用火攻銃砲業已備
矣然火器之力上而　善伏每為巧避兵法曰多方
以誤之今或用毒烟灰砂以障其目或用布城臺營
以蔽其形使彼不能見我舉砲自可一發而斃至於
戰車挨牌皆可相為表裏惟在因地審勢以行之也
此三者乃戰守之大畧也臣今有兩言於此求皇上
以戰事責之行間督撫鎮将而調度在中樞以守事

責之城内文武百官而挈要在總協再有兩言於此外之督撫鎮將盡其力更宜和其衷内之文武百官竭其忠并宜捐其財不然狂飆大作而恬夢無楫之舟無論非所以為皇上亦何以自為計乎至於秦兵素强以之禦寇不若以之禦　今或將孫傳庭調赴入援是亦急着惟聖明宥臣狂瞽速賜施行

崇禎十五年十一月　　日具題本月二十日奉聖旨奏内守巻分信清察伏奸著該部嚴飭行戰守責成各事宜該部速議具覆

追論輔臣疏

為追論罪輔十大罪以究乱源以昭國憲事臣惟天下之治也以一二人而治其乱也亦以一二人而乱欲求治而不追維乱本終未得反正之道也近日皇上大賞大罰無不奮風雷而昭日月獨故輔楊嗣昌蠹國害民欺君乱法一案海内日望明正其罪案而不得近亦有指及之者臣請再以所知論其大端可乎以禦 言之外肆欺飾陰懷茍且每妄占雲氣謬引天文輒為大言欺人而詭譎奸謀藉以行間已盡露於 天保天下一疏致 輕

靈德藩之陷為桐　蒙禍之始乃獨卸罪東撫以故陳新甲傳其衣鉢謂中樞但任調度不與封疆之責是邊事之誤誤自嗣昌矣大罪一以剿寇言之明知賊難招安故用熊文燦撫獻賊而蜀楚遍肆蹂躪用楊卓然撫革左而江北久罹荼毒且既獲獻妾高氏矣猶不敢加刃留以媚賊使降兵奸細伏於內閣部官旗假於外慘哉襄藩立為齏粉即今闖曹肆焰又誰非縱賊之流毒乎是剿局之壞自嗣昌矣大罪二以民賦言之黔首窮困極矣忽加練餉七百萬司農李待問怵其威唯唯惟命於是富戶鹽商當房

間架優免度牒税契榷關無一不加增無一不搜括甚至加米加豆加草束公行派取始終不聞題請銷筭各州縣正賦之外疲於供應者不知幾千百萬計曾有敢為皇上告予皮盡髓枯挺而走險是小民之窮窮自嗣昌矣大罪三以兵事言之何兵不當練乃忽倡為抽練之法議有司畏其尚方勉完練餉而新舊餉反逋是以為名抽者冒領倍餉仍自逍遥未經抽者尚縮額糧頻呼庚癸前此關外喪師何非其抽練之兵而所在脱巾又何非託言於新舊餉之不足乎是邊腹兵之弱弱自嗣昌矣大罪四以文臣言之

祖宗用人自有一定資格乃無端而有換授有保舉有特用監紀監軍皆然破甑之灰易撫更督總樹私交之幟且計處李一鰲等概題留用即以謝陞之愎拗亦從之恐後是選法推陞之濫濫自嗣昌矣大罪五以武備言之保民四事誠屬美政乃一月一報以致不肖有司紛紛料派且用楊德政練總練備之說使市井無賴遍地猴冠今雖議革而郡邑騷動數年於兹矣至若賀人龍李國奇等孰非法怙養癰漸成不掉是大帥裨偏之驕驕自嗣昌矣大罪六以軍功言之獲降丁如驕子所至人不敢阻凡郡縣稍一不

納者輒罪之故郡縣之破强半由於此輩又殺良冒

賞冒廕在在皆是即如其入蜀安坐順慶公署題匾

自旌大書塩梅上將迨瀘州破後連陷十數邑嗣昌

猶如醉夢傳檄各邑謂獻賊逃遁該縣當多撥民壯

備索子綑綁來見蜀中至今傳為笑談是武功之冒

莫冒於嗣昌矣大罪七以人材言之進賢退淵惟其

喜怒如劉同陞趙士春黃道周姚思孝楊廷麟何楷

成勇郭景昌王聚奎李希沆張作楫林蘭友等今日

聖明特煦之陽春何非當權輔當日横加之霜雪乎

是賢才摧折莫摧折於嗣昌矣大罪八以學術言之

人臣事君必導以正嗣昌謂誦華嚴經可殺蝗虫儼然入告且神其説禦賊仍踵王欽若故智毋論事之誑誕理所必無窮其設心豈可見韓愈傅奕於地下乎是學術之詖邪莫詖邪於嗣昌矣大罪九以倫紀言之孝為百行之首嗣昌奪情於中樞猶可言也奪情於枚卜不忍言也倘能建功以報皇上天下猶或寬之今成功安在乎且當日召對有辟地辟人不經之談後自知名義難逃不安厥衷欲浼起居註馬士騂等求改不得以致銜恨意將誰欺是節行之決烈莫決裂於嗣昌矣大罪十凡此皆舉世共知其罪而

當時未敢明言其罪者今嗣昌奸骨雖冷然臣豈欲
究其罪案明告後世良以其所行未盡革之弊政所
植未盡斥之私人所阻抑未盡復用之正類必一一
昭揭本末悉清禍患原傾覆栽培挽回元氣斯則撥
乱反治之大根本也因臚列罪欵字稍逾格統祈聖
明鑒宥并勅九卿科道勘議施行
崇禎十五年十一月　日具題十一月二十六日奉
聖旨楊嗣昌已有屢旨了宜聽部院持平核議何得
肆行捏詆臚凑列欵是豈從公起見光時亨姑不究
該部知道

五歎疏

為

患倍於曩昔群言未見實行乞勅廷臣集議確求至當以速成功以安宗社事臣憶皇上御極以来凡四犯然未有如此番可慮之甚也曩歲八城無恙薊鎮屹然且各路勁旅響赴雲奔中原寇患未甚決裂今關外藩籬撤其半矣中協門户失其一矣甫一交鋒白廣恩一潰玉忠再潰加以寇且聲言渡河東省咽喉漸慮梗塞以都城處於　寇之中情事至此大小臣工當不知若何殷憂以慰聖天子焦勞至慮乃猶多泄泄自若臣不知其何恃而不恐將毋曰

五星順軌百二增雄　不過飽掠即出乎獨不聞物怪人妖層見疊出而河徙　入又何其適巧相值也興言及此可為寒心　計今諸臣條議何嘗不朝上夕下而議論空持仍同鏤影臣請再為申請言之乎本色在厰實糧止一百二十萬尋常可支六月今各兵城守每人日給二升計每月增七萬餘矣又向來兵多鄉居米戶居民率就倉買籌資食今三大營兵俱事枕戈仍令原車戶厚其脚價照常搬運而護之以兵如用民匠等四六運法必須專官督之多方鼓勵衆始樂往不然或將城守各兵錢米無支可多儲數日

日之糧是亦捷法此當速議者一也言乎折色聞外
解至者纔二千萬耳凡戰守兵必足其餉將令能始
行於兵督撫令始能行於將倘以匱乏致譁譁一兵
甚於增數賊矣今如護外解須專設勁兵一路若兑
標之說議者謂當兼以本地鄉紳便於追還或亦可
就中擴充其數倘不得已暫借內帑與其遲也毋寧
蚤盖內帑有可還時而兵餒難責力戰此當速議者
二也言乎城守遊兵火兵當設矣而兵於何出死士
標客可設矣而餉於何資徃來奸細宜清矣而十百
歧巷豈五城司坊官并每巷四五巡緝窮兵所能稽

數且守城門并當守敵臺備我火器并當防敵火器長安細民皆謂今歲守禦懈於往昔未解何故臣愚謂有一必應行之事即當設一實料理之官績考諸臣倘一奉明旨便克分肩其任且各衙門能者皆可令堂上官遴出以備緩急此皆當速議者三也言乎調度門　已於薊州開營行分東西則津通關永并應厚防但趙光忭所督之兵即范志完江禹緒之兵三督事權相并今必宜專其節制始便提掇而撫與督若何策應當分以信地撥調援兵若何分布當示以機宜至於鞠思讓張名世以兩衰庸之明經斷送一

重鎮可不并其署州印學官立逮正法以肅軍紀乎且恐各道中尚有如思讓輩者應通行察換毋為失事之續此當速議者四也言乎覲典凡屬臣子敢後輯瑞第　入口後近畿之民靡不奔竄遠道風傳勢多裹足且各省直督撫提兵入援郡縣城守單虛可虞即無事地方或有亦增虩虩者矣合無除必不可免外預行酌免俾無兩誤此當速議者五也臣愚昧憂時有心愧乏長策凡此多諸臣所已言者屢奉旨而未行者中或有前後立論互異致生齟齬者又或欲行而難其擔當之人并經理之費軍國重情安危

所係且 入口業念餘日矣何得尚爾悠悠不一群相斟酌乞勅九卿會集建議諸臣將一切緊要應行或群疏未備者悉行矢心商酌妥當公請聖裁如以會議恐同築舍即乞聖明將臣疏所列有可採者逐欵勅部定期旦暮主見實行於戰守大計其庶有幸乎

崇禎十五年十一月二十八日具題奉本月三十日奉

聖旨奏内五欵俱切實可行城守各兵銀米兼支於儲粮甚便護運緝奸及一切城守防禦遊兵火兵等項奉旨應行事宜俱當專官着實料理各衙門堂上

官遴選委用務要得人如玩馳悮事即指參重處三督事權著速議剾一以專節制不得分岐互諉餘俱行嚴飭該部知道

兵事疏

為求將之道宜備料敵之謀宜周緝奸之法宜善制勝之策宜龢事臣非能知兵者而屢以兵事請豈不自量其才知哉內感乎聖恩外惕乎時勢故也蓋嘗計之臣屢疏謂將宜博求乃初奉聖旨責成入覲各官部以一咨塞責再奉旨責成在京各堂上官部又以一手本塞責矣天下之大而謂至今無一將可求臣不信也良以向來樞部積弊武職推陞敘賚惟賄是求即已登科目者尚難表見何況乎行伍之英草澤之傑哉又緣文臣畏後累不敢舉武臣為身謀不

肯舉樞部局於見聞狃於弊習不知舉如此是終無
舉之日也即有一二舉者無厚資周旋恐廢然返耳
此雖有命世韓白孰肯垂首喪氣破身家捐性命以
爭不可必之功名哉今宜特懸一格以待非常智勇
之士縱海士内未易猝至近之九邊多稱將藪誠令
所在撫按各購數人豈遂空谷絕響哉及此圖之猶
未為晚即臣近聞于諸臣者李景貞言有胡明性矣
劉世蕃言有萬邦安矣王都張肯堂言有周國柱矣
左懋太言有路雲之矣皆稱其勇略出衆可當一面
明性現在陝西洋縣止以功加都司虛銜邦安見為

延綏巡撫中軍國柱雲之兵部必有履歷臣雖未知其人頗諸臣一一可問也倘給予路費召而試之未必無可用者臣愚謂樞臣應專責成一二司官逐日細心體訪近而求之即三大營各路援兵行伍偏裨中或亦有其人焉臣所謂求將之道宜備也　之三年陷我四城而後入破我薊城而後動令且薄通州矣倘非有三四萬之衆豈敢長馳至是初有傳爲夷漢丁鈎勾引皮襖窮夷者此冒頓匿其精鋭欺漢之故智耳易曰在天成象在地成形觀日東北方肅殺之氣其衆可得而知也氣自北而東其行可得而

知也若夫破薊之後輦運出口安知非約彼後勁故

為此以給我乎兵法近而示之遠遠而示之近故憲

所趨在此轉宜防所攻在彼關門津通臨德俱剢不

可懈更宜多訪求謀士問客及占候之家以備帷幄

若止恃塘報多恐難憑臣所謂料敵之謀宜周也各

處奸細供吐不一然皆稱潛伏都門者多矣而所獲

何寥寥寥寥也蓋以郡縣一而專都城雜而諉今壸立賞

格無益也必速行保甲又如臣同官郝炯所疏稱各

門實懸賞銀一錠利其賞者自勇於搜緝有獲即實

給之必群相駭散其已獲細作不必盡誅留為搜奸

之媒即獄中盜賊有膽智者不妨擇數人押隨其後許以緝獲真奸即為開釋古之人尚有縱奸為反閒者胡不聞也至於倉庫艸場火藥廠而外尤宜慎防各門各垛之銃炮須謹護火門另藏引線且聞兵中亦有奸細更宜細察今將無疎懈實多乎臣所謂緝奸之法宜善也吳起曰有道之主將用其民先和而造大事從未有不和可行其威令賞罰以成軍功者今各路督與撫撫與鎮大帥與裨將事權輕重有不同兵馬强弱豈能盡一同屬國事輕者資重重可陵輕乎弱者倚强强可棄弱乎計必化嫌疑聯肝胆令衆

將之心如一將而後可令衆兵之心如一心宜預懸爲令若稍有以異同鬨釁致期會不一心力不齊者先斬始釁之人臣所謂致勝之策宜和也斯四者亦兵家之常談然用兵之道先守其常而後可語權變耳統乞聖明勅部施行

崇禎十五年閏十一月初五日具題本月初八日奉

聖旨求將目今急務本内舉胡明性等語著察核速

奏謀士行間懸賞緝奸督臣同心倶密勅行兵部知

道

八欵疏

為外城特關捍禦廣寧尤屬要衝謹條切要八欵仰祈聖裁事竊照廣寧一門先經派有李天經等坐守已定矣續因憲臣劉宗周等合疏以臣時亨臣楚勳增入仰度聖意添派言官或非止責以坐守必且兼重稽察也凡城内外形勢之險夷兵馬之虛實城上下分布之疎密將卒之惰勤自有内提督并樞戎諸臣料理專責臣等安敢越俎第既守是門利害與共倘問以情事茫如止日司啓閉塞責則須臣輩為矣脱有緩急臣等當株守城隅此外概置於不問耶近

日國家之事全壞於呼應不靈此推彼卸然則臣等在門言門不惟職掌各宜實盡一門便當聯七門之心外門又當倚内門之勢政不可草草處此敢舉其要者爲皇上陳之一城外營地宜增察西便角樓外爲唐鈺營去廣寧尤近右安角樓外爲丁柳營去廣寧甚遠以本門當良涿孔道最防衝突若無我師扎營於此恐爲　據合無於門之東閣角增設一營或撥京兵或另撥援師分信協守庶保萬全祈勅樞臣戎政速議布置者也一城上什伍宜嚴凡守垛之法無異行師號爲什長者須力足以約束餘九人伍長

亦如之而後率之以百總統之以將官令出惟行焉
今臣等於城上遍呼什長伍長無應者惟云十人頭
目城下造飯以供九人是竟以什長為火頭軍矣且
云少有不當其九人得執而凌之夫兵制火軍原當
另設若即充以什長尚能督率明束伍乎今當以健
者為之長弱者為火軍但就原伍中稍一位置可不
勞而成節制祈飭戎政酌議更定者也一城門發鑰
宜早奉旨辰開申閉但鑰至門上已巳刻初夲門出
入日不啻數萬啓扃太遲閉又早凡柴炭煤米及一
應貿易出者不便復入入者不能復出今似宜平明

明發鑰容臣等酌量開門便民来往祈勅中軍都督
速為速行者也一城内巡守宜專除原派門守外屬
長司等督察外新設游兵二百六十名僅一把總劉
有才領之問以總册尚云未造其將官王嘉賓兼管
各門即閘一察點無益也又圍宿官十員今纔有其
五守馬口官四員今纔有其二此輩悠悠泛泛若無
事者殊可駭愕臣等愚謂游兵當屬戚臣李國柱兼
督而以督　杜宏　佐之圍宿守口不到七官員應
令該衙門即行補足其圍宿各者官無所用之并宜
專責以輪宿馬口蓋城上之路惟馬口可通恐有奸

細凾登兵卒㳢下不可不謹至旗尉二十名則以屬揮愈滿國棟司其巡緝庶専責成祈勅坐門各官實心分任者也一擺城器具宜全計廣寧一門一千五百餘垜口分派銃砲亦云備矣惟勾槍只三百桿虎叉只一百把此二項可破雲梯必宜增補且各門尚有全無者抑何分派不匀耶而斧口多缺難以應用原於臣時夛所條禦　火器如綿絮之類不知若何施設有云宜用土囊者則囊亦宜預備祈勅工部速行增修者也一舖户賣烟宜禁遍城之上俱係火器彼賣烟者非火不能用倘兵卒一有踈失延燃藥線

為害滋大又恐有細作溷入以為放火之媒祈勑巡城御史嚴行禁止者也一銃砲火門宜封砲必實藥藥必安引所以預備倉卒也但見各城多有露出火線止覆以片瓦片石片竹者又或護以片紙而無繩索緊縛之終乏慎密今當每砲厚加封固外用將官花押如响城一遍仍復加封如故不惟防踈虞熏避溼氣至於地雷尤宜深藏令人不見祈勑內提督通行嚴勑餙者也一塘耳目宜通臣等遠在外門凡情遠近行間進止概無從知雖兵機貴密而守門之官與內廷安危互倚若止憑道路風傳倘　騎猝

至内隔重門聲息何由即達且言官職司叅駁凡督撫鎮將驕怯失機者何從白簡從事稍獻芹悃乎聞

内城各門皆派有兵曹亦祈勅樞臣專官二員駐劄外城督察七門兵馬并酌發塘報于臣等者也以上八欵皆臣等親歷各城實見相同布置機宜難緩晷刻仰候聖明速賜裁奪施行

崇禎十五年閏十一月初八日具題本月二十三日

奉聖旨這條奏事宜有裨城守内賣烟用火恐致踈虞著巡城御史嚴行禁止其餘各欵兵部會同該衙門速看議奏

恤守軍寒凍疏

為守軍寒凍可憫將領體恤宜周懇乞聖諭申飭并加恩施以安人心事本月十六夜廣寧門六隊凍死守軍一名朱旗乃百戶劉芳遠所管也臣等聞之不勝惻然因察前此凍死者已四名矣前良以城上風高土石之氣寒侵飢骨又以火禁森嚴深夜無復湯水可溫腸胃且各軍止絮襖一領多有乏絮褲者觸冒風霜因以就斃嗟哉旗雖小軍亦軀命也為之將領者何不聞稍為體貼顧乃立而視其死乎此後嚴冬日甚恐卒城莫必其命者政不止一旗而各城之

如旗者又復不少欲得人之死力而不恤其死且奈何皇上視民如傷加口糧頒賞賜罔不周至獨是城頭禦寒之具必須速商一善法乞勅總協二臣將内外各城軍無絮袴者通行察出設法買備又各隊長百總令多備椒姜等項每百人中夜輪用二人宿于城下預備火種有受凍難堪者投以姜椒滚水暫驅寒氣則所全活必多但隊總有定額餉必不肯捐為衆用其姜椒煤炭之費乞皇上每門暫給銀一二十兩交各提督計日酌發與各將官總算内外諸門所費不過數百金而各軍飲皇上如天之德淪肌浹髓

矣抑臣更有説焉事莫大如生死今朱旗凍死甕該將官竟不報知臣等是將以人命為草菅也并乞明旨通行嚴飭以便臣等日後察點具奏統祈聖裁施行

崇禎十五年閏十一月十八日具題本月十二日奉聖旨守軍寒凍可念本内條恊事宜著該部速議

安攘疏

為寓內之大勢有三乞合籌安攘早奏清晏以懋中興原事臣聞夷狄猶藩籬中原猶心腹漕河猶血脉今不幸而交憂其窮矣合天下之兵力民力以爭此非著著握一勝算不可也臣請得而妄計之夫之攻通津而不力者牽我也疾驅而南故我兵皆出其後今既屢得利必將如前在薊州遣送輜重安知不轉為逼都門窺榆關之計乎京營兵當先守城昨王承允等援通一鬨　至苗頭驟回幾搖軍心前鑒不遠臣方請於廣寧門外增設一營門乃今聞承允又同王

埏赴良涿唐鈺赴通津將以擊　惰歸誰曰不宜但恐貪難必之功而舍根本之重脫有緩急誰資守禦今當令承允等速回固守神京蓄鋭以待令仝不敢浪過津通庶得居重馭輕以靜制動之勢何必剽割零級爲幸乎即襄城伯李國禎新募六千勲衛子弟聞中多不相下者當益加訓練齊厥心志以備附近設伏邀擊之用從來强内即以威外亦不宜輕令遠出也若夫關門當于三督中專委其一防　再入過飽歸不然又如劉澤清調回臨清而已遲趙光忭追奔河間而無及調度策應一誤豈堪屢誤此臣愚

籌之大勢也然寇自河決後今尚徘徊河南意未必不在河北聞秦督回關保督已撤左鎮尚在襄陽則料理豫事者獨一王漢耳似當令保撫保鎮一面圍一面備寇以防闖曹北渡并勅楚與江北諸督撫各嚴兵守界仍多預儲芻粮俟 出口後糾合各路援兵并以剿賊豈非一舉而兩得乎此臣愚策寇之大勢然也河身南徙闖趨亳泗上之憂在陵寢不必言矣而運道為南北咽喉如河身不即還舊回空淤塞新運斷阻將奈何河臣黃希憲想已受事乞勅令多方疏濬先臣治河之法有導其勢於決口上者

有分其流于決口下者往事俱在若不趁今下流氷堅亟圖竣事轉盼春漲功更百倍但猶慮河運未可專恃速宜擇諸臣中生長海濱能悉水性利者專委一二令講求海運募閩廣浙商人漁户及沿海故老咨訪殷明略故道并成山諸島趨避必海運通而後運河可恃則登萊水師尤萬萬不可緩者雖中外宴然之際有識者謂尚當議之況今 寇并及河功未可遥度乎此臣愚籌漕河之大勢然也以上三事群臣疇不各畫一策碩臣恐廟堂之上急此則姑緩彼必全局并舉及時預計而後金甌奠鞏於不拔矣臣草

疏畢闕門主兵以之餉致譁情事甚危强一寇在内
寧復堪此乞即勅户部立發多餉星夜接濟岩疆其
庶有濟乎統乞聖明裁亟賜施行
崇禎十五年閏十一月二十八日具題十二月初三
日奉聖旨這所奏寇漕河事宜該部著議速覆餘
已有旨了

戰守相因疏

為戰守有相因兵之機兵民為互資之勢乞先收民心固城守以張撻伐事計入口將五十餘日矣未聞各路兵將稍有堵擊而名城屢墮幾如拉朽者何也則民心不固而兵威因之以不振也蓋兵不裹粮師行騷擾里閈則民仇兵矣官不恤民派守專役窮民則民并仇官矣仇兵故野空仇官故城亦空猝而至以城予敵兵聞某城陷則氣奪色沮歸為督撫大帥者又不能先機設伏用間用奇尾而隨之日復一日固其所也臣愚謂欲兵不掠野須復古輜重營之制

臣曾拜儲粮有極簡易之方運粮有極直截之法一疏内稱州縣存留錢粮徵收夲色又議每州縣偹有小車三十輛而運夫則取諸兵每千兵中以二百兵為率於時積粮之法已經户部題覆奉旨通行惟車輛運夫前罪樞置而弗講也今倘議行其法或運各邑夲色或運津通漕米則兵馬騰飽所經不至擄掠而亦可杜意外脱巾之變聞今兵部亦給有長单但各兵艱於負担利領折色銀且恐一邑之積不足應多兵非議定運法逐邑轉輸終苦乏絶目下援兵四集供億不貲可不令户兵二部預為之籌乎欲城守皆

固須開自為募之兵法盖有司不敢募兵者畏難開銷耳計每郡邑居民多者數十萬少者亦將數萬然人不皆賢智官不皆循良或縉紳富温飽之資富室狃慳吝之習而止以下户窮丁晝夜守禦飢寒迫於身酷法驅於後欲不解体誰復甘之且村鎮雜民逃避域久而食盡勢將圖乱今當鼓令鄉紳富室各為率先仍因其衆而用之度　所必經之地每郡許募兵千名小州縣許募三四百名免其徵調専令堅護城池事平之後准予核實開銷雖所費必將數十萬金以視薊州河間臨清諸處之失相去倍蓰且

與寇異各處城堅無所得逞匪久必當遁去乘其遁
而此所募守兵出與戰互相為表裏環邀夾擊成功
速而用兵少所減主客之餉更不止數千萬計乃或
者謂兵凶事也何又使民知之不知行間募兵聚則
雖散若郡邑自募以我赤子捍我金湯　退歸農衆
所樂就而自無尾大之患又可不令戶兵二部速為
之計乎此二事者計臣但權一歲之出入皇上當權
天下之利害樞臣但權一時之勞逸皇上當權中外
之安危則輕重之勢瞭如指掌不然　之所過土寇
漸起鑲饟之不繼議（譁）兵可慮且此畨　情甚狡已入

者業數破從來未破之名郡而關外動静尚不可測
如歲内不能驅逐出口畿南東省之民屠戮何忍
述此必聖明所惻然深念者無誒臣愚鰓鰓過計者
也如果臣言可採伏乞敕部速議施行
崇禎十五年閏十一月二十八日具題十二月初五
日奉聖旨該部着議速奏

志氣宜合疏

為行間志氣宜合疏守呼應須靈懇頒明旨嚴飭以責成切事臣聞一心可圖萬事二心不可圖一事故廟堂同心則謀議孚疆埸同心則武力奮乃竊見今日之事殊有未盡然者皇上既以滅之役任范志完趙光忭兩督則兩督之身猶一身也昨者援河間不及援臨清又不及今聞盡奔東省此政兩督合力夾擊之際矣志完不知駐扎何所乃先忭回師通州復移良涿殊不可解奉明旨爭抑遵部檄更爭聞劉澤清在東昌時兵止五百而王吉撫標營原數

亦止三千又傳李輔明觀望不進然則東省兵力有幾遂忍以咽喉重地委於度外毋論登青之間勢恐不支即使　疾趨出口而先忭未一與遇是志完尚見有擊賊全城之旨而先忭將何以自策也臣素服其料敵有智今見徘徊近地心竊訝之仰乞皇上勑令星馳東省與志完及東撫登撫并力圖功難緩旦夕至於良涿津通要地另於援師撥以扼守可也乃臣又計之春氣漸穌　必為歸計輜重既衆部曲必散三協輔臣當遠邀於伏路不當坐待　如邊牆黎玉田又當迎擊於邊口不當坐待於寧鎮然恐　知三

協有偹或一西行突出宣大今宣鎮既有拱護神京之任則新宣撫之責更重是必使内外五撫之心如一而後臂指之捍其庶有濟乎臣再計之　慮我兵追擊將出口必先以一枝偪都門近畿令我兵返顧根本但得飽颺而去聞其攻城輒於雲梯上加火藥筒通以走線使城上守兵立脚不住此詭計最可虞也夫火藥之煞當事處此倍極棘手苦心諸凡有宜補之官宜增之兵宜籌之餉所望皇上速勅户吏兵三部多方以為之所非止存江北實以鞏晋都護此一户腹心之地而臣邑桐城今秋幾危幸獲安全賴知

縣張利民同各將官百計死守方能堵禦功何可泯乃聞各將中賊所最畏者莫如衛營總兵黄得功臣初謂京營之兵但宜以護陵寢乃得功捍危城爲賊所憚又何可不益加鼓勵令其專援皖廬大奏膚功以遏寇下矙淮揚之勢乎統乞聖明俯採飭勵施行

崇禎十五年十二月　日具題

乞留風紀重臣疏

為君仁斯有臣直外患宜修内釁懇乞益擴聖度以留風紀重臣以通清朝志氣事臣觀古今氣運之盛衰靡不因乎人才之消長是故一君子進則相與愛之戴之一君子退則相與推之挽之非為其人之一身進退計也凡以為世道為君德而已今臣派守廣寧門垣中之事多隔見聞乃恭頌劉宗周金光辰革職降級之旨仰見聖度優容追隆古帝然臣愚猶有不能已於請者總恃皇上親賢納諫同符懸　故不敢不畢其芻蕘之愚也宗周自復蒙拔用因皇上崇

尚寬大故日進仁義之言因皇上講明理學故日陳
誠正之論不惟其身自皇上生之成之即其學亦頼
皇上砥礪之擴充之也清者必執自糾王育民孫順
之賂遺臺班　若即舉臣亦且肅然臣每見其愛國
丹衷迫欲仰佐聖主立致升平日以恭敬忠謹黽勉
同列其與副憲張偉僉憲金光辰矢心勵節外廷有
三清之稱以為風紀得人於斯為盛焉乃者偶以論
事忤旨蒙譴放歸田里在宗周感泣寬恩戴高履
厚頤臣獨惜其生平所學不獲展盡底藴於堯舜之
朝且去於中外多事需才孜殷之日也光辰事必師

古語必範俗每感激皇上原其戇直破格錄用一念忠懇慨然以澄清天下為已任嘗向臣語臣子立言事須一一可對僚友可告君父可質天日臣三復之其入臺班歷今官門庭如水佐憲數月而都門聲伎為之屏絕一空今一旦外謫雖圖報明主之年較長於宗周重地頗紀綱重地一時去此二臣勁草疾風典型可惜夫人之質各有能不能當今日而求四應全才未易多覯惟是敏練者宜任以封疆清執者宜處於風憲今大計在即欲求能與冢臣力任澄敘舍二臣而外遠者猝難搜求近者未多屈指且賢者之

退不肖者之幸也彼循默養安輩不能仰窺聖意鼓
勵微權反謂清正者未必俱蒙其福貪奸者益可得
肆其志相率而為苟且苞苴猛虎去而藜藿采無復
嚴憚觀感又豈非世道之一隱慮乎伏乞聖明動念
在門庭覲典伊邇俯將二臣畧其迹之硜執鑒其
心之無他曲賜容留責以籌 肅計奏功自見振勵
日久必可覲仍勅大小臣工此後益加忠勤篤棐實
心共濟借二臣以昭誥誡之公可增滿朝之恐懼修
省留二臣以擴山海之量更可固滿朝之太龢元氣
也雷出地奮而易 以豫日 建侯行師聖主之雷

霆何一而不可為起地乎極知至德如天轉圜甚
速即以姜埰熊開元重于聖怒不數月而移改法司
内外群工争頌仁恕又何待臣愚復為饒舌惟是欣
逢明良泰交之日寧言而不當弗敢隱而不言也字
稍逾格伏乞鑒宥
崇禎十五年十二月初六日具題本月十二日奉聖
旨已有旨了該部知道

三二一

論城守積貯疏

為積貯宜先城內不宜紛紛搬運出城請旨申飭以固根本事竊維城守之計必以足食為第一義前臣具疏計城內之粮各倉僅足支數月戶部當速計之乃自臣等派守廣寧門惟見運煤入者日衆而運米入者殊少即王鼇永自認運通粮亦未見其實運若干入於何門貯於何倉心竊慮之乃臣等本日開門見有重載車七輛察問其數共計米二十六石詢車夫高登等云係城外米戶兵并乾石橋何家園於內運出夫內外之民誠無分別但今　通津

務闗暨各鄉闗庄所積大小粮甚多當運遠以實近不當運內以飽外以臣等所見一刻間便搬出二十六石若各門日日如此則城內不益空虛乎臣等昨見有空載大車入城者政擬欲詰問今知凡以空車虛而来者必實而往若皆以運米各門不及細察今其厚載而出可慮益甚今臣等除將髙登等各車逐回卸歸原米戶外懇乞皇上即頒明旨通行嚴飭凡運米止許入城不許出城至於兵糧則驗部票始放所闗城守非淺鮮矣

崇禎十五年十二月十一日具題本月二十日奉旨

高登等運載米車已經阻回米著即卸歸原户以後
有運米出城的作何禁飭該部酌議具奏其王鰲永
原任運通粮運到若干也著一併察明

論勝算未握疏

為　患狡突靡常我師勝算未握謹再陳膚見仰佐
廟謨事臣觀天下之議局外恒易局內恒難事後恒
明而事前恒暗此古今之通患然也臣無管葛之智何敢自謂策之必當而苟以繩人乎惟是軍國重大
聖明如此焦勞凡屬臣子稍有臆見不敢不罄竭以備帷幄之籌也夫兵法多端計定者勝以言乎調度司馬當有一定之主持行閒進退雖衆論應出獨裁毋今日調往明日撤歸今各將朝東而暮西以言乎戰各督撫當有一定之謀畧各懷勦機宜必身先始能

勵衆毋外託持重内存觀望令各兵前曳而後掣以
言乎守緫察協當有一定之分布内外諸門雖百密
猶防一疎毋但派官而不責官之力任派兵而不求
兵之實用令各門此同而彼異且夫　所恃者騎射
也其射距人四五十步始終發其騎日夜可行數百
里無他習之精而豢之多也即有步者皆縶虜我難
民以利刃迫之于後稍懈則僇以填塹誰敢不奔逐
馬尾惟所驅用若我則馬少步多必待步而後敢進
又所在支粮籍以遂其逍遥無論我兵從未敢與
遇即其齊集而前　又拔營他向矣臣愚以為援兵

至者已衆當總遴各營馬騎三四萬合為一營以一大將統之令緊緊跟賊不離而其步兵隨在設伏如此則之所至責令我師亦至無可復諉而 即攻城不能久攻掠野亦不敢分掠其輜重累之而去巢穴復遠勢可成擒也然則步兵可分馬兵斷宜合即有議回鞏内地者步兵可撤馬兵斷宜留臣反覆思維惟有此著庶可制勝簊京師以襄城伯李國禎所募勳衛子弟聯腹心於内以三大營張羽翼於外再得敢戰之兵或一二萬樹為犄角 萬萬不敢窺城一步至天津通粮藪二東咽喉榆關鎖鑰其重相等

固津通所以固京師固二東所以固津通固榆關所以固九邊其宜厚積兵力是不待知者而知之也不然馬兵牽於步兵而步兵不能及馬内之守兵令出而外之戰兵反令歸紛諉延誤空疲道　如奕者全局俱動而無一静著一先著其何能濟臣坐門闌見不悉區區之愚統祈聖裁嚴飭施行

崇禎十五年十二月　　日具題本月二十四日奉聖旨該部知道

作史有三長而識居上識者非徒旁搜遠覽雌黄已定之是非在乎別疑發微一人也而綜核其立身之本末一事也而權衡其制行之始終不以奸諛掩忠良不以讒慝誣貞介斯為貴也前甲申之變闖賊逼燕京崇禎以身殉國實科臣光時亨持國君死社稷之論有以成之而後乃以此得罪且野史訛傳誣以從逆余往者深疑其事歲丁酉奉簡命典試江南得光生成采生即時亨曾孫也晋謁時泣而述曰小子束髮受書祖若父備述先曾祖受馬阮之誣以阻遷

一案致之死復造國變錄玷其名先伯祖先廷瑞徒步數千里刺血鳴寃其事荷蒙昭雪奈璫子誣造國變錄流傳多本一時稗官野乘訛以傳訛罔察寃案同時侍御左 諱光先野史辯誣文載當年顛末甚悉今欲闡揚先德恐世人不察奈何言畢嗚咽不能已予受而讀之不禁歎息痛恨權奸之顛倒是非塗淆黑白也夫有明享國二百餘年一旦豕突鴟張以致官兵交困粮餉莫能支調遣莫能應顧欲於賊鋒四逼師窮力竭之時儌倖苟免豈易得之數哉是崇禎亾不辱國大異晋宋末造者實得死守之義安可借

爲殺人之題也光時亨痛攀髯不得墮堺自經沉河歷歷有據訪知被逮之日乃在間道南歸行次淮安之時其不苟戀富貴屈身賊廷也可知而野史顧誣以從逆者實緣國變録出自馬阮之手也考光時亨與馬阮成隙者一爲徽郡勦黔叛兵士英疏揭入都遂欲勦洗徽郡光時亨痛陳利害事寢不行故士英恨之一爲光時亨在言路阮大鋮時落職私求荐舉光時亨拒絕不與交且疏請璫禍左光斗謚典犯其所惡故大鋮恨之觀士英出在兵言兵一疏首參光時亨末荐阮大鋮大鋮疏稱不殺光時亨不出師江

三三三

上則馬阮之仇先較然矣然馬阮之仇時亨者私情時亨致馬阮之仇者公義千秋萬世後竟以司馬先為奸臣寧待其子若孫始叫寃屈哉是故前史可法有望重梧垣之許黃得功有寃殺直臣之歎以及郭維經方士亮皆為出疏力辯亦可見公道不没於人心非可倖而致也予備員史館日久荷蒙　聖天子委任校書凡前朝忠義未獲表章者留心采訪思仰答盛世開史館脩實録之至意今於先時亨安忍聽其寃沉黒海不覩青天白日特分俸刊布左侍御文敬告同志者隨地隨人汪念先朝遺事訪聞確實方

行紀錄此脩史第一要著又豈獨爲光時亨一人已耶

過原本作遇

訟寃疏

方士亮

為直臣奇慘乞聖明褒恤以定公論以維臣節事臣維人臣處亂世而陷刑章者亦多矣或無故而加之罪或故誣之以不可居之罪生死在手刀鋸橫加何所不至獨未有以諫止遷都而獲死者有之自先科臣光時亨始夫不南遷先帝之正也不南遷而至於大變先帝之過△也先帝不南遷之故未必盡由時亨時亨正復何罪時亨可罪則于謙先可罪矣成則為于謙敗則為時亨其揆一也時亨之可殺與否聖朝一言可決臣知自當時一二奸邪而外必無有復作

應是氣節

是言者矣且時亨生平不惟是也起家蜀吏中有異績蜀人能言之先帝壬午夏秋言者競奮獨時亨援証古今臧否人物不參明私意曾疏止九嬪之采未已也復有疏極詆馮銓又以練餉故批根引繩追詆楊嗣昌甚快先帝手閣臣蔣德璟票疏聲色俱厲著囬話來臣當時勸時亨且宛詞引過暫息風雷乃輔臣囬話既詳陳諸餉利弊正論僉出時亨復直氣侃侃無少屈撓一時聞且見者為之舌舉而不能下乃竟以此獲免則先帝之能舍己虛受而時亨之骨力乞節真有大過人者矣嗟乎黨銓與嗣昌者必欲殺

時亨而至於以諫止南遷殺之夫豈不知南遷之不以死時亨哉蓋别無可文致而不得不出於此也使果有臣闖實事則一六等案殺時亨而有餘何必借刃於南遷一議也故惟以諫遷殺時亨而時亨之無偽仕已可決矣况墮陴自經投河昭昭耳目乎臣與時亨同鄉同立朝知時亨最真會聖安帝起臣刑科臣知諸奸之必欲殺時亨也屢書爭之不得歎職掌之難伸遂叱馭其不前今幸聖明在上無隱不昭乞賜片言起九泉之沉冤為千古之定案時亨固當邀贈卹之浩恩也至其子廷瑞孝可格天才不減父其

古今詩文之業臣目中鮮見其比終是皇家網中麟
鳳耳如以艱難迫于驅使則自惟皇上為時用人非
臣所敢私請也
旨光時亨事情止以請不南遷一事坐罪則實無可
死之理還着該部從公確覆具奏務使公是公非千
古不易光廷瑞才果可用一併議覆
兵部尚書郭維經一本出處宜明等事奉旨朕今御極
父事上帝功罪一本天心北京降闖諸臣是非千秋
鐵案光時亨身居諫垣清正敢言至疏叅李明睿請
固根本原為正論四海既痛服烈廟之殉難豈可罪

時亨之止駕既事關之本無即寬戮之堪憫樞臣公直之品南京童子亦知朕惟信不疑追雪時亨前罪且着復其原官另俟將來恩卹光廷瑞還候召對該部知道

野史辯誣

左光斗

吾桐光時亨任蜀榮昌令清正神明有石呈龜瑞眾辯人寃之異而野史不紀其事是中年治績可不傳矣崇禎十七年闖賊環逼燕京詞臣李明睿倡議南遷面受先帝叱責曰明睿非是勸朕遷都便是勸朕出走國君死社稷朕可走乎明睿逢人刺刺不休以致兵民惶惑時亨在刑垣出疏糾之請安定人心固守根本今野史紀曰李建泰請遷都兵科給事光時亨大聲曰諸臣奉太子南行意欲何為將欲效唐肅宗靈武故事乎一誤也御史王章同時亨巡城至阜

原本無呼字是似不應添

堞門王章被賊執遇害時亨指賊大罵仰天而嘆曰為子盡孝為臣盡忠我同王公死宜也豈可反顏事賊乎遂奮身墮陴僅折左臂僕從扛田娘娘廟中夜自經題詩衣帶曰抗議知無補憂時畢此心君恩慚未報遺恨古今深老巫奔救因密約兵部員外郎金鉉同投身御河波臣畢命亦既已矣行路小民王明郭萬里等見衣冠浮水撈取難臣屍骸時亨口鼻流血死而復蘇號天呼△地而哭曰斯何時乎予乃不死猶生也耶復屢欲躍入河中環觀千餘人皆為淚下多方執手以挽之今野史祇紀王章遇害金鉉投河

原本作沉河

應是臨刑

不及時亨墮陴自經投河之忠一誤也時亨三死不得南歸明志馬阮修黨怨矯詔誣殺罪名坐以諫阻南遷一時京城百姓謡曰宏光不殺光靖南侯黄得功嘆曰冤殺光直臣時亨臨行時猶浩氣大罵連呼奸臣馬阮剁喪天良賊殺諫輔昭昭耳目與周鍾武愫原不同題今野史紀曰决從逆光時亨周鍾武愫於市豈可因同日遇難遂誣以從賊乎此尤誤之甚焉者也總緣國變録出自奸黨之手以死爲生爲死顛倒錯亂謀害忠良故相傳失實耳後其子光廷瑞刺舌血徒步千里伏闕訟冤上甚嘉其孝樞臣郭維

經科臣方士亮交疏辯明時亨并無從逆之事且諫止南遷實爲正論奉旨昭雪復時亨原官并授廷瑞中書舍人忠孝大節攸關而野史并未紀及則野史之不足憑者亦甚多矣即如流賊圍桐城四十日不下皆知縣楊爾銘堅守之功黄得功救援之力今野史紀曰張獻忠圍桐城屠之誣僞之一証予深悲時亨生平親見遇難本末憤野史紀載不實故而辨之以俟後之採訪修史者

應是煌煌

三學公呈

具呈江南安慶府桐城縣儒學廩膳生員葉莊孫增
廣生員左曦附學生員吳易魁等為公舉父子忠孝
懇賜蒐羅以垂信史以維世風事竊維綱常首尊君
父故氷鑑不外乎人倫褒貶義懍春秋而直道遂昭
夫史筆（原作清）蓋自古忠臣孝子經史惶惶代不乏人或及
身而邀恩寵或没世即荷表揚未有因忠被謗争國
是以捐軀為父訟寃感天心而刺血桑田變换湮没
無聞野史紛紜是非罔定如本縣故紳刑科給事中
光時亨父子者也公中明天啟甲子科舉人崇禎甲

戊科進士初任滎昌令兩捍巨寇興利除害致石龜
呈瑞豕辨奇寃諸異是公之循良蜀人戴之矣考選
刑垣有請謚忠臣之疏有諫止選妃之疏奏疏凡百
餘上事關社稷不憚埋輪是公之正直朝内凜凜矣
崇禎末年江南寇疫交侵流亡載道屢疏豁免漕粮
公之為君惠民桑梓至今誦之矣黔兵擾徽郡以致
民變馬士英疏請勦洗徽州公會議力止之徽人至
今祠祀之矣迨國賊闖逼京倡議南遷公疏請安人
心固根本未幾城陷公奮身隨墮障折臂揹至古廟復
自經遇老巫救不得死復潛投御河又遇小民郭萬

里王明撈取忽甦時宏光即位金陵黨禍大作為仇
家所中竟坐阻南遷致死長子生員光廷瑞刺血伏
闕訟冤允卹未及施行恭值
本朝定鼎前史無徵廷瑞痛父寃未雪嘔血而亡公
一門忠孝未表草野又至今惜之矣幸逢　大宗師
臺龍門偉望史館宏才力表幽光用維風俗正單門
遇向陽之會而潛德有覩日之期生等敢獻芻蕘於
月旦仰冀珠玉於雲霄雖三言成獄慘入沉淵而一
字荷褒榮增華袞伏乞
俯採輿情斷以公是俾光時亨得厠孤忠之傳光廷

瑞得與死孝之編則信史永垂而世風益勵矣為此
具呈須至呈者

原本無工字

神黿異彖傳　　金聲

桐邑光公時亨以甲戌舉崇禎進士授蜀榮昌令文章氣誼知名一時而折獄如流其事不可更僕數榮昌之衝有石橋名思濟值大雨河水橫溢修而復壞者蜀人苦之公屬耆老而喻之曰流氛猖獗將逼榮昌城堞須修築苦無大石石橋又苦費煩曷移石修城造渡船以通往來父老悉以為便公乃傭工△公倡其首一大石運至中途崩裂有聲運者詫異視之石中有一物焉精采射人驚聞於官命石工起之則神黿也色如紫玉具八卦龍文下即頑石鑿池蓄之工

疑是數十里之误

微傷龜身血出臂上有三字首即光字而形稍異次乃三畫也第三字不可識龜能卜陰晴時吐異光天陰氣與雲接觀者千里而來經歲不絶咸嘆為公神明所致公朔日行香忽轎前一乳猪公即心動命從者勿呵去入廟禮畢視猪在階下公曰猪有冤乎可跪猪應聲跪伏公命僉差隨猪所往猪前導即至差家差皇踖云平昔無虧心事公曰果係冤主再跪猪不為動細鞫之差云舅兄滸三吳鄉人携其妻秦氏來榮昌同居月餘公曰猪所告者必此人也急命索之已逃去數△千△里△追獲嚴究猪跪伏如泣如訴秦氏

乃陽府店人妻也氏夙與監生某交穏人頗知之其夫謂監生捌匿控諸當事將監生革退監禁懸爲疑獄氏父因氣而死豈容秦氏游〻仍合歡異地乎事雪於榮昌咸疑猪即氏父也事竣猪不食而死凡蜀之上控督撫司按者必求批光青天審地盖以此也公居刑垣疏百餘上言人所不敢言有古諫臣風謂竈爲大寳俟太平獻之於上不韋闖寇直逼燕京李某倡議南遷軍民惶惑公密疏糾之請安定人心固守根本况寇賊四面環集與明皇韋蜀時不同及城陷時公同御史王章巡城王公爲賊執遇害公浩氣

指賊大罵奮死墮陴僅折左臂夜入娘娘廟自經不
幸爲老巫護救復潛行約金絃同投身御河取義成
仁庶幾不愧行路王明郭萬里見衣冠浮水撈取屍
骸公移時復甦環觀千人皆爲泣下公三死不得矢
志南歸行至淮夜夢一豕啼而作人言曰公難至矣
宜急遁公驚寤歎曰身爲人臣義將安遁遂返秣陵
魏黨素啣其清直借名阻遷矯詔誣殺公原籍祁門
人與余同鄉其子廷瑞廷瑛廷球復家於祈龜亦在
祈亂離之際音書阻絕忽一夕風雨驟至雷電交章
見神龜騰空而去頃之果失所在衆謂神物不久留

人間及聞公難即是日也廷瑞茹素斷酒將伏闕刺血訟寃乞誅奸黨以謝天下因先謁余涕泗而請爲之傳嗟乎公固奇忠廷瑞亦奇孝龜與豕之始終感召者誠可相傳爲奇事

清忠傳

胡忠允

詩有之人亦有言柔則茹之剛則吐之惟仲山甫柔亦不茹剛亦不吐吾于含萬光先生亦云先生之先世以祁閶溶里而遷皖城書香接踵八世而先生舉進士初仕宰榮昌高標清異聖天子菼以清廉首擢宸垣夫豈勉持官方蓋亦貞介素養自為諸生時已抱范仲奄天下已任之念以故登鄉第之時有同鄉先達阮大鋮者黨交權璫魏忠賢欲挽先生之一晋謁而先生曾介石自守峻絶相拒得罪於先達弗顧也先生材峻而氣渾學富而行實其為政簡而敬和

而平以扶綱常任教化爲本至其不可奪則卓然有
古遺直之風由是畏民志已無訟典賢書惟得人四
知三異影衾無媿矣其在諫垣夙夜匪懈以事一人
諸凡諫輔同爲主上腹心股肱者聞有詭隨不類先
生毅然不諱每以陳力就列之義正儆之他可知矣
得罪於朋友弗顧也天子明聖先生之泰交已在都
俞之風矣時有不同志之事直言敢諫天子曰可先
生曰不可得罪於天子弗顧也先生之貞操惟一矣
使先生生唐虞三代之世將見訟獄衰止吁咈朝寧
麟騶郊野不亦稷契伊周之流亞哉夫何天運不造

王氣衰薄闖賊乘虛大廈之傾一木不能獨支遂至
王躬不保國步滅資天耶人耶當斯時也社稷之臣
惟有一死而已吾鄉之遇難者如汪先生偉凌先生
冏等各死於家而先生清介囊橐無餘不携家眷二
伻隨時當日以視京營已死於御河甃在呼吸乃不
幸偶值一懷恩之小民感先生之仁而施一救負而
趋於真如菴水漿調攝終日而始蘇先生蘇而起起
而哭曰斯何時也而予乃不死猶生耶號天搡地復
扼吭而死者數四乃懷恩者與庵僧多方執手而挽
之先生頓足而哭曰爲子盡孝爲臣盡忠爾挽我以

不死不幾成我以不忠也乎維時泣無從泣訴無從
訴曰古有忠臣不死君難者乎既而思之昔者齊景
公問於晏子曰忠臣之事君也何若晏子對曰有難
不死出亡不送公不悦曰君裂地而封之疏爵而貴
之君難不死出亡不送可謂忠乎對曰言而見用終
身無難臣奚死焉謀而見從終身不出臣奚送焉今
日之變天王聖明寗無一二言不見用謀不見從者
乎而吾忍復明言以彰君之過哉展轉踟蹰乃又曰
昔者管大夫天下才不死子糾之難而復相桓以致
齊伯仲尼亟稱其仁予兹少待焉或者諸藩尚有王

氣突起中興予猶能用其未足一匡天下以雪先帝之恥何不可者不得已先生勉而生焉此先生之志也倘先生當日非抱此志若乃苟且偷生即當微行隱入山林可也何乃一聞孝陵宏光即位而先生自真如庵躍然喜起即日明章垣旆公然驛傳馳道南旋夫非即欲挺然獨出於百官兆民之上夾輔昭代新主冀一用其言從其謀振舉其已墜以大恢復中原也乎奈何運數不偶逢賢奸不并立新天子仁厚有餘智臨不足初服時史姜諸君子同為攝政既而小人阮大鋮馬士英乘權蔽主爰是史姜諸君子或

三六一

就外職或歸林下當時清議朝端者已有建炎李綱之論而二臣靦然不顧竟權朝綱先生馳道都城有淮海小人劉清澤者昔受先生之劾因中傷先生於權門而阮大鋮者正欲此仇向者黨奸之拒馬士英復以先生先世祈閭乃以黔之忿移怒於先生遂為惑主蔽賢之計以一二不廸之臣竟附責先生不死君難共蒙顯戮惜哉計當日先帝之難不死之臣豈止先生乎而二臣公受賄賂而不問向使先生非清操非正氣貪而好寶降志賄遷先生何患乎惟先生寧為仲山甫剛亦不吐忍一刀以就斃必不以彼易

此畏一時之艱貞易千古之痛快背尼父殺身成仁之訓也且觀當日先生縶就法場之際同死諸臣默然無聲而先生浩氣大罵連呼奸臣馬士英阮大鋮剝喪元良賊殺諫輔先生心事不亦彰明較著炳若日星哉嗚呼先生之不死君難二臣已蔽主就辟矣況原缺之救而又不能死逋逃莫措遷延數月受死於無用之地以視先生忠耶非忠耶使二臣誠忠則先生非忠矣二臣非忠則先生今日之在地下當亦快一刀之不避而媿二臣愈以見先生也噫先生往矣先生完矣卒之福京原缺行追寵先生異典蔭受冢

允先生雖死不猶生哉矧公子諸庠傑皆天下才先
生未盡之功未竟之業猶將見之來兹先生復何憾
焉先生近今家駐祁北中不屑叨忝隣右得稔先生
顛末不勝太息不勝流涕不勝痛哭私心慨慕不置
爰僭筆論次爲作清忠傳雲壁散人孔時胡中允沐
手拜書

光給諫公傳　　姚康

光時亨桐城人生而靈穎以童子起田舍一操筆而重國門中天啟甲子鄉試以崇禎甲戌舉進士授蜀滎昌令其為政如其為文皆不習而利一時神君之稱為蜀吏者冠崇禎十五年三月初八日以考選賜對左掖門時亨畧言近事之誤莫如撫賊賊猖而禍漫賊撫而禍深楚禍之深皖禍之深以獻革諸賊之撫耳其誤皆惑于熊文燦之撫鄭芝龍以海與芝龍可也以腹心之地予賊不可也又兵法善戰者不敗善敗者不亂今用兵者有年矣進則俱進敗則俱敗

大率祇坐一野戰則陣法可不責諸將乎又當布大信以傾賊黨募民之剽悍從賊者歸而為兵諭民之飢寒陷賊者歸而為農其衆可寡也當對時上為起立汪視者三隨授刑科給事中時亨自念小臣被上知圖報意切一時居諫垣者推其敢言而文章又足以達之嘗言有銓政始有人材近如舉清官邊才是矣臣猶以為當廣求老誠耆碩之士倜儻卓越之才犯顏敢諫之人盖老誠耆碩民之望也故呂夷去就定商周之興亡倜儻卓越民之傑也故良增用舍辨漢楚之成敗犯顏敢諫之人主之耳目也故誼黜用

膺滂繫分東西京之强弱又言有政事始有財用近如議屯塩鼓鑄是矣臣猶以為在勿營難成之功勿興難必之利勿募難用之兵將盖難成之功徒滋紛擾故秦開阡陌而敝難必之利徒駭民心故宋行新法而亂難用之兵將徒成尾大故唐呂屬國委藩鎮而削疏出一時傳之詞臣李明睿以賊耗急建議親征陰為南遷計時身疏叅之上因名問叅明睿有説乎對曰削平禍亂全在安定人心然必士大夫之心固而後京師眾心固京師眾心固而後遠近之心皆固今一城洶洶不復計城守皆以明睿一言臣待罪

兵事安得不以爲陛下告時上已先咈明睿議特以此名宣示外庭耳既京師陷時亨與某約共隨陴死僅得折臂又覓死者再不得因同衆南歸爲馬士英等所殺先是士英爲鳳督時嘗募黔兵道掠於徽州徽州人疑爲賊群起殲之士英怒欲坐之叛時亨爲疏争之又嘗善阮大鋮其後交惡皖監軍楊卓然之撫賊嘗決策於大鋮者也時亨又極論之故卒以及殺殺之名曰阻南遷萬世之後必有辨其是非者眷

弟姚康字康伯號休那頓首拜譔

書光給諫軼事

戴名世

光時亨字含萬桐城人舉崇禎甲戌進士時亨為人有才氣斷決明敏而清正自守性嫉邪不為群小所悦起家知四川榮昌縣是時流賊起陝西天下大亂而四川受禍尤烈榮昌之衝有石橋曰思濟為山水所決修而復壞者三四至是縣人復謀醵金修之時亨集諸父老而告之曰修橋費不貲流賊旦暮且至而雉堞不修其何以守禦今當撤橋設渡船以通往來而移石修城垣此兩便之道也父老以為然於是募夫役數十百人運石至城下一大石運至中途墮

於地裂有聲役夫輦之不能動時亨就視之中有物光燦燦射人命石工鑿之得一石龜馬色如紫玉身有龍文具八卦乃蓄於署内池中當石工鑿石時微傷龜身有血背上三字横列一即光字而形稍異一為三畫又一字不可識每池中氣與雲接則天雨晴亦時有異光蜀人奔走來觀者不絕一日時亨出外有豕闌入輿前左右叱且捶之不去時亨心動曰豕有冤乎有則跪伏豕即跪伏時亨掣一籤付一吏曰爾隨豕所往豕往何家則擒其人來豕前導吏隨之豕即至吏家吏惶遽來白曰小人平生無過惡時亨曰豕

冤果在此人再跪伏豕即跪伏時亨詳鞫吏吏實無過惡時亨曰爾家更有何人乎吏曰妻兄游三實他縣人携其妻秦氏來居此月餘矣時亨曰豕所告者必此人也即遣人至吏家捕游三而游三已挈秦氏走數十里矣追而執之先是游三與秦氏通秦棄其夫奔游三而秦故與諸生某通其夫疑某匿之告於官官繫某鞫之而獄未決秦氏父忿恚死至是鞫之具得其情乃抵游三及秦氏罪豕尋不食死自是蜀有疑獄上官必屬時亨治皆立剖已而時亨徵入京師歷兵刑二科給事中旬月間凡彈劾權貴及言軍

國事書凡百餘上直聲震京師居有頃流賊陷山西
入畿輔直逼京師有為南遷之説者時亨言於上曰
賊四面環集乘輿將安往請固根本以定人心及城
陷與御史王章巡城章為殺時亨墮陴折左股匍匐
入尼庵半夜自經尼救之不死尋為賊蹤跡得之過
御河與御史金鉉同投河鉉死而時亨為人所救移
時甦遂潛行南還至宿遷夜夢一豕為人言呼曰光
公先公速遁去少頃大難至矣時亨驚而寤旦日開
舟行不數里岸上有軍士數輩持刺上船曰誰為光
給事者吾等為大帥劉澤清所遣奉迎者也時亨方

持刺閱之而鐵索已縶其頭矣先是時亨同郡阮大
鋮者名在逆案中天啟中左魏之死大鋮有力焉時
亨嘗切齒詬詈大鋮而大鋮度時亨清正不可術數
籠致至是嗾澤清使執之以阻南遷為時亨罪而與
金坛人周鍾涇陽人武愫同日殺之周武兩人固降
賊者也故野史誤稱時亨為降賊至今無白其寃者
先是時亨自榮昌名入京其家子弟還桐城挈龜以
還是時流賊反擾江北光氏子弟渡江避亂於祁門
盖光先世祁門人也一夕雷電晦冥風雨大作龜騰
空而去識者曰光公其不免乎及聞時亨死果是日

也時亨初隨陴及自經投河屢死不得卒喪其軀於奸人之手惜哉惜哉康熙丁卯余入京燕有役事我於舍館京師所謂長班者也年八十餘矣謂余曰始我事給事光公當都城破時余從御河中救給事起復拊膺嘆曰豈知其送與馬阮殺乎此亦可証野史之誣因并著之

素堂傳稿序

文章在天地間如合浦之珠崑山之璧龍泉太阿之劍其精神發越輝山媚澤磅礴於星辰河漢斷然不可泯滅故士君子以文顯當世傳之數十百年必根茂實遂膏沃光華感發乎人之性情歌咏傳播不忍遽釋則其文始為幾乎道而可久天下奉為寶貴不惑也雖然珠有輝璧有光劍有氣投之非其人則去而不顧嗟乎古今卓犖成一家言而埋没於巖穴數澤中竟與碔砆鉛刀同腐朽也可勝道哉作者難述者尤不易吾桐前給諫光含萬先生負奇才成進士

立朝清直蒙難血忱遺老猶有能道之生平著作甚富制藝尤工本六經柰子史沐浴唐宋諸大家以此顯當世而垂無窮誰曰不宜但人往風微其鴻篇巨冊僅一二流溢于學士之口久為有心者所慨慕未獲表章欣逢雪亭高父母海内名魁星移敝邑博學勤思以微顯闡幽為己任因求先生遺稿讀之慕之捐俸授梓公諸宇宙世之讀先生之文者並服高侯不没人善而成人之名如此則先生之文固希世之珍而高侯具特識於千古亦豈易得者哉是為序時康熙三十三年季夏月同里後學張英頓首拜撰

素堂傳稿序

昔司馬子長下蠶室自謂刑餘之人無所比數及歿後史記一書出天下莫不諒其志憐其冤而重其文章事固有晦於生前而彰於身後者此豈倖而致哉蘇文忠公有言人無所不至惟天不容欺大抵行果有虧則雖飾譽一時必有物焉以敗之心苟無瑕則雖含詬終身必有物焉以白之蓋天意使然也余嘗讀史見歷代黨人之禍其既也戮必及於小人而其始也害先中於君子君子欲按法以誅小人小人反可以巧脫而小人或借題以陷君子君子或無以自

明如李膺范滂之死千秋同慨而明季亦然當神宗在位時東林諸君子倡明絶學以氣節自勵奸邪深嫉之相與構黨傾擠閹宦而外為浙為楚紛紛樹幟朝政無所為是非以黨之盛衰為興廢天子亦無所為可否以黨之盛衰為賞罰彼此互相爭勝而明祚遂亾矣然究之君子之計常疏小人之計常密故東林之勢每不敵諸黨其間有得禍最慘終身被誣而不能自明者如桐城光含萬先生是已先生少負大志與同里左忠毅公友善相引重以名進士宰榮昌有石呈龜瑞豕辨人冤之異擢刑垣直聲震朝廷久

為群小所側目欲乘其隙以中之而不可得會南遷之議不果遂借是以殺先生嗚呼明自靖難以後國家享全盛者二百餘年夫以金甌無缺之勢而一旦流賊煽禍豕突鴟張官兵曾莫敢攖其鋒顧欲於兵疲民困財匱餉竭之餘奔竄一隅苟延旦夕此必不得之數也則先生國君死社稷之說未嘗非正論乃仇者必以此為罪豈足以服先生之心乎至於稗官野乘道聽塗說因先生之死與誅受偽職者同日也復誣之以從逆余往者亦疑其事今來令桐城其孫曰標曰楷進謁出其所為辨疏一通愾言詩十章又

聞有左三山方諱士亮兩先生為之辨誣訟寃而其子廷瑞亦嘗瀝血上疏白寃於朝始知先生間關賊窟求死不得其志良可哀也已昔文文山被執時服腦子二兩不死七日不食又不死曰願以黄冠歸故鄉今觀先生之志畧與文山等而幸則為文山不幸則為先生則以文山未歸而即死先生既歸而後死之故也然此何足以損先生哉試觀當日之殺先生者至今遺臭而先生之節概既有方左兩先生白於前復有孝子賢孫白於後夫其獲有人焉以白之者正於天之所以鑒先生憐先生而陰為相之也詎非

所謂惟天不容僞邪標等又曰我祖居掖垣兩載疏百餘上皆指切時政既經兵燹散佚無存僅存制藝如干首將以問世恐世不察奈何余受而讀之見其渾灝流轉高古閎博每篇皆自出新裁非彼軋茁聲牙牛鬼蛇神者所能仿佛愈以知先生特立獨行不隨世好其文在其人斯在無因謂標曰子雲附莽蔚宗謀逆人品已無足道然揚之法言范之後漢書猶傳誦於今不廢況爾祖仗節有年含冤已久甯不可藉是文以闡其幽光乎則即以是集繼子長之史也亦宜康熙三十三年歲次甲戌仲夏錢塘後學高攀

桂雪亭氏題於龍眠公署

光含萬先生制藝序

古今邪正忠佞之分必死而是非乃定故死有重於泰山有輕於鴻毛要以得其死者為難也天予人以生予人以富予人以貴予人以壽獨不輕予人以死至一死以完忠孝全節義正氣所感綱維天地收大名於天下後世也天必抵牾而阻抑之故迂其途緩其期惟恐順受其正絕天下議論之口焉即死矣而忌之者顛倒拂逆加之以不可受之名責之以莫須有之事若雖一死不足以塞責者是天人交相危也何以白忠臣義士之心激成仁取義之道哉然使忠

誠可以昭日月義烈可以激鬼神雖危於群小必伸
於正人君子晦於一時必昭著於天下萬世然後知
天之所以抵牾而阻抑者正委曲以堅其掭艱難以
成其節也吾於鄉先輩含萬先生之死不能無憾焉
先生以名進士宰巖邑飾文章為吏治政成登諫垣
直聲凛凛歲餘封事百餘上多所彈劾已為奸人所
側目雖宗社傾覆抗議不撓阻南遷以固人心有古
大臣風其於生死之義籌之熟矣故始終誓死以殉
國其志死也堅其趨死也决其謀死也數折而不移
然墮阱不死沉河不死經於古刹不死天之所以抵

牾而阻抑者若將留其身以有爲焉先生必自恨所
以不死者誰爲阻之必更疑屢求死而終不得死者
誰爲司之也如是可以不即死矣未逾年卒死於奸
人之手且加以無所逃死之罪更誣之以雖死無以
暴白於天下之名先生之死亦大冤哉然死非先生
所恨第不得遂其誓死之初心并不得正其就死之
大義爲恨耳然名可加也心不可易也案可矯也理
不可誣也仇怨可構也三綱不可棄也人情可欺也
天日不可掩也先生之正論在阻南遷奸人即借之
以成罪案先生之報國不忘致身奸人更誣之以受

僞命是三綱絶而天日晦矣忍乎哉先生死令子血疏鳴寃籲天走閩正人君子爲之交訟於朝正矯誣之案更昌言於衆闢野史之非先生之心大白於天地鬼神先生之名不愧於天下後世先生真得其死矣固忠臣義烈之不容泯没者也獨是當日深文巧法忌先生死而得名必枉法以殺先生者雖萬死何足服公論哉嗟呼邪正忠佞之是非雖至死而議論之難定如此予固讀先生之文惜先生之死辨而敘之以俟後之作史者庚辰仲春同里後學江臯拜撰

此係望溪先生
片舫齋詩集序

自予先君家於金陵而故鄉之山川風土不獲見者三十有餘年故鄉戚友來過從者數數為予言吾桐山川之秀人文之勝而吾久未見戊子春旋里門光子正華從予遊時倘徉於龍眠浮渡間而怪其峭拔挺秀意其中必有有道而能文者正華因述其伯父霞起片舫詩集幾數千首彙訂三十卷示予而予素有作序之戒獨於霞起則不敢辭霞起乃前給諫含萬公之孫當流氛猖獗燕京失守之時給諫公墮陴沉河遇救獲甦間關南歸奸黨素嫉東林君子借名

阻遷矯詔殺之其子中翰輯侯公上血疏訟寃始獲
昭雪復父官爵時霞起尚未生也霞起幼讀先世遺
書偕難弟裴仲遵隱君潢白公庭訓奮志芸窗冀闡
前人幽忠苦孝晚乃築室家園之右晨夕率子弟吟
卧其中凡上下古今懽愉憂憤恚發於詩歌視塵世
名利泊如也霞起又有和淵明飲酒詩三十首步歸
去來兮辭一篇其自序曰吾之為詩非一一擬古人
而為之也偶有念心聊借以發抒己意秘不示人可
也是霞起之不求序於人與序之不輕為人序性情
有適相合也異日予將買山龍眠之間而歸隱焉以

與霞起相唱和而兹先為數言以書其大概如此至

其詩之冲淡樸質直追陶謝海内自有知音共為欣

賞者固不俟予言同里弟方苞靈臯氏拜題

素堂傳稿序

昔歐陽文忠公長於文章對客止言政事不及文章非絀文章不以文章自炫也吾友光公含萬弱冠操觚即屢冠軍其謀篇也神澹遠骨蒼古一時陳大士金大希諸公莫不交口贊歎公仍冲虛自若及令蜀榮昌又以文章發為政事有石呈龜瑞豕訟人寃之異名擢梧垣一年間疏百餘上奏議之文傳誦海内與制藝之文等不幸遭國多難隳陴沉河經於古剎俱為解免三死不得南歸明志仇者陷以阻遷死之君子咸哀其忠而悲其遇也後其子輯侯徒步數千

里入閩剌血上書朝議嘉之大直其事則公不朽矣

公之政事與文章并垂不朽矣丙午春公仲子漢白

攜秘稿來京師余捧讀其文想見其為人焉因為之

敘以概其生平云年弟龔鼎孳拜題

答湘南書

孫勷

何淡庵至接手書如相見也光老先生大節皎如青天白日高先生之序至矣不必更爲之贅一言後有史家徵此可據也然吾弟所以欲兄復爲一言者蓋痛先喆之蒙誣憂後人之寡淺使忠臣義士與亂逆同譏欲多得一人以爲之辨則亦人心世道之一助云耳則可即以兄此書附刊諸集末亦足見野史之不足憑而公論之久而不可誣也蓋孔子之答子貢也曰不如鄉人之善者好之其不善者惡之考亭解之而申其意以爲善者好之而惡者不惡則必其有

苟合之行惡者惡之而善者不好則必其無可好之實令光先生之見殺於馬阮諸奸也乃天所以章其不爲苟合而已矣而好之者乃石齋先生之儔則其有可好之實昭然不疑者也彼稗官家言又烏足取信哉

湘南三弟如手

愚兄勷拜復　五月初六日

輓章 三之一

敢謂芝蘭香谷陽記君當日最搴芳多情只是憐才誤入省終為好事忙三徑蓬蒿開栗里一帆風雨在維揚南遷自是先皇烈青史無勞獨罪光

丁酉冬獨走江東門外劉公廟哭含萬蕭懷輯

侯漢白

先帝兩宮盡草萊愁雲莫結石城隈百篇諫疏今安往一束生芻有孰來飄泊轉深鷃鵲慟時輯侯走閩越支離還憶鶺鴒哀但懸吳劍寧論晚何事星文闇不開

紀梦 往傳陸沉重修之夕梦公相揖并拜衣冠生平竟無一言几案墨研如南園角藝時

公外甥與烏外甥者諸生伯開諱之梅余從子也覺而紀之辛未嘉平初十日　吳日躋

為明公案付千秋昨夜英魂到筆頭屐錯相酬無一語知君高座學梵修

輓難友光含萬

回首雞壇血尚存那堪風雨逐黃昏皚園楊柳空搖曳瑞石琹尊絕討論絮炙誰來哀國士家貧憲苦飯王孫問天作吏靡何益獨上瞿塘聽夜猿

又

曾恥輕肥逐上都中流慷慨氣吞胡題書斬將蜂射靖罷稅攖鱗父老蘇報國何辭身炭漆憂民直欲自

醫巫誰知天亦多才忌六月飛霜燕地無

過含萬墓弔詩　胡繼康

彈文曾令汗重裘阻駕深懷社稷憂祚宋應無煩後
慮安劉原不為身謀豈知聖主尊殉國遂使群奸借
報仇試問到頭忠奸判棉州秋壑可能留

光給諫含萬先生傳

光給諫者桐之東太公山人也居官時諱時亨字羽聖後取坤象含萬化光之辭而別其號為含萬云父懷虛公懷虛公父樂山公樂山公初奉母從女兒橋山南有廢穴形家常過而物色曰是當出貴樂山公竊識之及母卒葬於是偕其弟返官山重理舊業家少康且多生子而懷虛公其次子也懷虛無葛民也初舉女即含萬姊字余伯兄陶羲（諱日盛）者遂濶焉不生者久之一夕其女夢一芝履穿雲來至其門若遠行狀徘徊瞻顧有覓襄陽太傳家意覺而母王（古塘）夫

人居然生子歲乙亥秋　月　日去生女萬歷乙酉

十有五年而狀貌靈頴大異凡兒覺占如梦父母大

喜小字曰季志得之晚也含萬與姊詩所謂記昔一

日者為我說來因長大必壽考王家為賓臣父母喜

動顏姊亦愛加珍之句含萬來往姊家必質脘下物

於先父先父每讀必撫掌曰子文不習而利金華殿

中人也幸自愛喚其姊而如是言言含萬幼學王先

生（諱嘉賓號墀鳴）之門余族姊（諱豫號四知）開館麻埠寺含萬一

侍硯北焉然素單寒雅不欲三家村塾書貽先父曰

生爨後焦桐柯亭枯竹石鈍兵頑王事場中争名利

珠飛玉碎孫山外處寄行踪方謂弟職未共敢云師心自負乃白鄯未離有深慚于白髮而青雲未遂復望冀夫青氈自恨無因時借鼎力片言吹嘘託知音於山水一字假借定聲價於品題云云先父引而坐家廷尉公席馬含萬以童子起田間文重國門而是時府闕一函谷也天啟甲子春邑令陳侯諱煌烓拔置第一遂連冠多士中是年鄉試第九本師鄭公諱如闇之門從二塲得之嗣是三科中丁憂下第猶然筆耕不事干謁以貞其守蜀中簡公文華司理廬郡延課子于署家司馬無祿先父率其子中翰杲日北面南園

疑是捍

需之左侍御三山諱先先館我三郡子鼎國含萬館我友子寧諱其芬於素堂侍御時以孝廉打摩禮闈相與為忘年之友每拈一題互為推敲不作近習套態壬申癸酉間含萬以困公車為變徵之音曰非非草甲戌之役亦從備卷取雋授蜀榮昌令含萬為政如其為文勢豪歛息兩以羸民兩桿△强寇保孤城兼署巴郎故事邑令充鄉試官可一不可再而含萬丙子丁卯所錄皆寒俊蜀中紀之行取過凫冠躙皖屬撫台鄭公諱陽擁兵不出監軍楊卓然輩相與决撫賊之策含萬極論之疏逮鄭於李崇禎十五年三月十九以考

選賜對左掖門含萬署云近事之誤莫大於撫賊賊猖而禍漫賊撫而禍深楚禍之深晃禍之深以獻革諸賊之撫耳其誤在熊文燦之撫鄭芝龍以海與鄭芝龍可也以腹心之地予賊不可也又言兵法善戰者不敗善敗者不亂今用兵有年矣進則俱進敗則俱敗則陣法不可不責諸將又當布大信以傾賊黨募民之標桿從賊者歸而為兵諭民之飢寒隘賊者歸而為農其衆可寡也當對時上頗為注視遂授刑科給事中先父以書候之謂言官有言責安得無言但須要言不煩而余函中有普天之膏血盡屬東流

累朝之癰疽行將中潰拭目國手如何下手聞含萬讀而三歎粘之壁上含萬自念小臣被上知遇圖報意熱入垣兩載疏凡百上梓里蠲徵諸務未易更僕大約納牖以仁義交儆以兵農而一時雖推其敢言亦給其繁言忌諱之觸側目不少矣十七年春召對平臺上諭閣臣曰李建泰有疏勸朕南遷國君死社稷朕將何往大學士范景文左都御史李邦華少詹事項煜請先奉太子撫軍江南含萬大聲曰奉太子往南諸臣意欲何為將欲為唐肅宗靈武故事乎景等遂不敢言上復問戰守之策諸臣默然上歎曰朕

非亡國之君諸臣盡亡國之臣爾遂拂袖起會奉勅巡視京營詞臣李明睿以賊耗急建議親征陰為南遷計含萬疏參之上因名問參明睿有説乎對曰削平禍亂全在安定人心然必士大夫之心固然後京師眾心固京師眾心固而後遠近之心皆固今一城洶洶不復計城守皆以明睿一言臣待罪兵事安得不以為陛下告時上已先咈明睿議特以此名宣示外廷耳北都守卒舊制用六萬是春緣餉乏减半三月十五以前僅派三千人含萬力争加纔兩日各軍未及領米寇已逼城下三月十九之晨含萬與芳洲

繕疏方畢同里澹石椰梅坦庵西源長源兹魯諸公湊金三百有奇屬含萬分食飢卒忽報寇入芳洲隨陴死含萬僅得折臂又覔死古廟御河不得因同眾南歸至德州北墽兩至兩拒之抵宿遷張秋兩家僕至聞白下蜚語或謂鳴飛冥冥其庶無殆公謝曰張儉累子姓朋友弗為也被逮宿遷羈淮一月項水心武階林周介生繫部含萬嘗善阮集之後交惡楊監軍之撫賊阮主之初入省時阮修賀牘不報及公赴部日阮偶在家廷尉坐使者報公輩赴部阮疾語使者折簡以送大書假逆案阮某拜真降賊光某廷尉駭

原本作洒血

之阮曰先帝十七年春去死無幾光疏猶題逆案是時案中只我與馮涿州二人何不放過乃爾識者已知不生矣馬瑶草鳳督時嘗募黔兵道掠徽州徽人群起殲之馬怒欲坐之叛含萬疏争乃免霍人張孫振有罪名公勘問胡守恒以戚里屬含萬會審如法而爰書失出張不知也乘危奉馬阮指雪恨幾斃杖下初含萬館王子晉塾丙夜篝燈常有赭衣漾影又相者洪生嘗指面部及齒當有一厄此自夙業或以謂舉趾差蹻或以謂女兒橋圩案山形似之説我不敢知也先是傳北信其子輯侯漢白洒淚具揭其文

姚休那先生筆也含萬見之泣下上書先生曰相别十餘年蜀道燕雲音塵阻絶台翁不罪爲稽懶垂念故人青目兒輩視以猶子而當兹患難知交却走之際猶復憐之憫之多方以救之魯連謫仙之髙誼莫隆於此矣捧讀台函稿自爲泣下同難而與聞者亦莫不泣下也燕京斷送只縁口舌相爭不惟無事功并無議論事遂至此不肖弟杞人之憂啼血爲枯徒思移山塡海而弗得寇風雨至而崩解立見乃始責大厦之巔於一木彼舉朝文武大吏將安往哉主亡與亡自屬正義乃屢求死不得不知鬼神何意留此

疑脱乙字

無用之身以供衆射之的束身司敗一死無所辭矣顧千秋名義所關只得强顔視息稍爲置辨即以部議六等言之部中懸律以待人或風聞而採事也今欲辨真偽權重輕當在爰書未定之先公僉同之後計賊陷燕京有爲之開先佐逆攻城篡奪者若而人其從賊同來之輩也賊敗榆林逭歸巢穴有爲之親信用事追隨西歸者若而人其偕賊長往之輩也國家指日蕩掃中原法先戎首謂尚懸一二等律以待之其城陷脅逼流離南面者即極嚴亦當從第三等起斯爲允當且恩詔新頒内有陷賊諸臣反邪歸正

者許開一面宥其前罪之條伏讀近旨又有葡萄（匍匐）來
歸閭闕内向者着從末減之語聖德如天綸音必信
是在執法者覈實持平正以仰體聖明寛大至意若
必先之以極等次之以立決又何以待賊諸戎首并
隨之西歸不返者乎又考六等之律緜漢以前未聞
此法唐始行之實係克復京都當即執諸僞署以繩
今日事殊不詳即先帝今春下詔猶許身爲賊而來
降待以不死况苦爲拘迫情屬萬不得已盜非仁人
君子所心惻乎龍馭方新聖母加號中宮正位率土
敷天無不人邀浩蕩獨弟輩艱難萬死反先人之邱

隴求同太平之草木者身先斧鑕此泣豈止向隅耶
今誠遵未減之旨必將原議六等再加商確懸旨三
等以待首逆負固之輩於國法為不漏於人心為允
服惜乎白簡青蒲未有以入告者或將陽城待時之
言乎恐湯鼎蟣虱命難俟耳至求緩之法必俟人齊
後審求寬之法暫祈歲內停刑此亦至平至恕之論
又苦目前無一人拈出史閣部為海內第一人盜勿
維挽必已費無限苦心倘再得明白一言收拾人材
毋資敵國所培朝廷元氣不小况今赤抱出矣其本
末自明古人內舉不避親國是所關何嫌何礙弟輩

身在法中未敢通一稟揭再求台翁面晤赤抱并耿父母商量及此從來排大難建大議者如鄭之弦高漢之三老宋之陳東陽皆不在士大夫之内而在局外深心世道之人大士欲救一切衆生望台翁以世道心行慈悲法俾弟輩稍緩須臾之死以待昭雪陰功真萬代矣此崇禎十七年九月二十六日獄中書也不知姚先生已屢書史相國矣其畧曰天下之治亂視人才之多寡與人心之離合乃今所以收拾人心網羅人才者其策安在漢高之釋季布者惕於走胡走越之一言也以破秦破楚之餘威加海内然有

一人之走胡走越者則漢以為憲若近日之治陷城諸臣以為恐歸賊之不固而謀某之不忠此為何故天下之大其中豈少一季布而國家金甌磐石之形豈能如漢興之初哉山川之阻烽火之警道路之言詎能盡信而輒據以殺天下士亦何其決計之淺也他人即勿論如敝邑先給諫時亨者近日吳椰梅死眾皆傷之而其家有一僕自燕回語人曰家主雖可傷尤可傷者莫如桐之光給事我親見求死者再未嘗污賊一字也而今乃如此云云（原缺）者之在今至不見哀當世第見哀一廝耶又如某某等其人與給

事誠異然待如宋人之待文丞相者又當如漢人之
待季布也而任情若此將於蒼生社稷何此事雖由
貴陽亦山左江右實成之凡　王張門戶諸公約有二
喻其急在得衆則可忘勾踐之殺父與朱鮪之殺兄
其急在自明則又可為吳起之殺妻與王莽之殺子
事則誠在我然上有帝　下有閻羅因果亦大有可
畏也不知老師台囬天之手於此處可稍仵幹旋否
凡此皆萬非不肖所應言而言之潦倒若此此與保
全身命之道謂何又書曰此間曾見　王書為之氣
塞漢呂后以匈奴嫚戲故欲擊之樊噲請十萬衆以

原缺

快横行而季布責其謬季將軍之𢙣是也乃噲將軍之氣亦何可少哉答書雖專借大銜計必經朝賢之手其調停曲折皆本季布之意顧能以季布之折樊噲者待某獨不能以滕公之論季布者待陷賊諸臣其故安在聞疏所首擊者爲光給事其次則合肥之龔龔父已幽囚待罪矣而今特從寬政寬之誠是也顧寬之於前則德在我寬之於後則勢在彼以時聞龔方用事某中矣嗚呼漢祠趙它之先宋礼元昊之母在昔則皆兵法今茲則總成笑端然猶不失下策若所以待光君諸人者則是爲無策云云而史相國

已有看得光阻駕南遷不幸先帝賓天以是議其罪假若京師固守鍾簴無虞抑或南遷中道被賊又將何以議其功之語此相國持平之論不刊之典也士大夫仍在門戶褒如充耳以快私憤又以相國閣臣帶部銜出北征含萬是以有四月七日之事歸葬曾大母右余嘗視其曾大母冢巋然想見樂山公當耕牧時其竊識與眾異云

日躋曰昔宋景德契丹之役群臣皆避敵江南西蜀獨萊公不可武臣中獨高瓊與萊意同萊公既力爭之上曰卿文臣豈能盡用兵之利害公曰請名高瓊

瓊至乃言避敵固為安全但恐扈駕之士在路逃亡
無與俱西上乃大驚夫北宋之時何時高瓊尚為此
言矧我明季將相萬不敢敵宋則先帝之遷不惟衛
士逃亡而士大夫之中怯帝神武敢於侮聖人者項
背相望毋論前此土木之事即以白下後事觀之有
不忍言者矣然何以殺阻南遷者是時北報警急欲
修臨安故轍慮又有阻者突地描畫南遷一事若曰
有阻東路者視光某云不然佐逆篡奪不先之法馬
阮之心路人知之矣且先帝之志守社稷屹如山立
名對時已自言之如其欲遷豈一給事所能阻哉夫

以諫阻成含萬之罪反以掩先帝之烈耳雖然王亡與亡臣子正義死亦何辭然求死於北而卒死於南處死無緣耳悲夫悲夫諸子讀父書皆負氣誼長公蹢踼羊腸側身百粵嚼指靈武制辭稱孝褒邱有加碧血黃土於是乎青雲白晝矣元配董夫人含萬所謂載子明月心照我同終古者聞難痛哭瀕死頻持持求死不得如其夫子予嫂姊氏哭之曰天乎天乎往說吾弟來因來因固如此耶眷會弟吳日躋譔

又跋

畧其驪黃賞其神駿直當逐電追風空群而出矣芹

宮一片地豈能羈其驥足數年後請驗斯言此含萬
余文評也不謂芹宮片地以老老而遇此時事足將
安騁平生知己之感重之以婚姻亦嘗捉筆為人作
誌傳乃當吾世而凡茲龜毛兔角之談孰是鵠白烏
黔之案特為拈出以垂實録云

獄中遺稿

弋民光時亨含萬著　男廷瑞　廷瑛　廷球　廷琳泣編

文

祭影文

論

生死論

檄

北歸自討檄

記

寇本末記

序

詩

集字

題橘

疏

辨疏

遺疏

揭

第一揭

第二揭

說

示諸子三說

誠一說

祭影文

宏光改元首歲歲在乙酉屬國祚中興皇仁新布六宇昭蘇獨有士踽踽恥陷寇盜迴翔故都不圖憎茲多口下之請室盖數命之使然誠踵頂之自怍也方其東海莫蹈南冠坐縶往事吁嗟夸追弗及凭樓四望翛然孑立疇念越石之悲幾下羊舌之泣而乃庭户朝扃僕僮素寡簷絲風飄瓦縫雨打夜鼠侮人枝鳥欲啞心悲無端憂來莫寫惟此影之憐予獨周旋而弗捨然猶彷徨無語慮其將去預為文以弔之顛須臾以少處其辭曰嗟我生之不辰兮羅陽九與百

六痛時艱之莫挽兮逝好脩而鮮祿憶予爲童子爾
則侶我于父母之懷舞象嬉游相將徘徊予就師傅
爾則伴我于仁賢之宅琴歌蕭條相慰離索偕我桐
祁歷險涉危妻子守約恃爾勿欺偕我皖伯戎馬方
棘底定家邦賴爾侍側偕我蜀道嶔崎萬里官衙種
竹清谿植李爾則珊珊相對如水偕我燕市不逢嘉
年爲武惜死爲文嗜錢爾則矯矯以免予愆日出而
出惟爾獨來日徃而徃惟爾獨回羨爾之貞匪衆所
摧烈焰彌山爾入不焚狂波汩天爾入不紛羨爾之
勇虎蛟可羣所可訝者我寒而爾不思衣我飢而爾

不思食我窮而爾不知貧我悲而爾不知盡我之行
也爾亦罔所休我之勞也爾亦罔所息人之謷我而
爾無欣顏人之憎我而爾無懼色多言多患而爾不
勸沮多任多凶而爾不阻抑是則爾之負我而我所
大慼若夫爾遇之蹇進不逢三聘之纁退不獲五柳
之適乏廣榭以栖形無清姬以酬夕出鮮裘馬之娛
入罕歌舞之席我安步當車而爾疲我晚食當肉而
爾瘠我脫髮早衰而爾成枯槁之容我蹢躅羊腸而
爾如逆旅之客國破家殘我則瘁矣爾何辜流離困
辱我則罪矣爾何責是則我之負爾而爾應自惜然

我曾墜爾於層垣之顛爾胡不早自碎而猶全我曾懸爾於古寺之後爾胡反顧龍蛇而却走我曾沉爾於御河之濱爾胡復出而不亟慕乎靈均我曾別爾於淮水之上爾胡不遁猶似睠懷乎吾黨黃河深兮江濤寒風蕭蕭兮渡長干爾胡不淪胥溺兮尚容與以盤桓是則鬼神之苦予予之苦爾而予與爾義命之所自安已矣乎白日易以暮青山不可登袁閎之室無由入范粲之轝何從乘念此朝暮愧爾良朋我今別爾乎何處擬高蹈乎霞舉將騎黃鶴必摩雲或化赤鯉而游渚爾其竢我乎天竺之峯我亦遅爾乎

十洲之嶼用是授爾以清酤訪爾以樂國爾其歸南
乎抑歸北

生死論

制生死之數者天地也然天地亦自範於生死之數五行之運乘旺尅衰是故日月虧食躔次凌犯皆可預測其與人之生死一也由漢以後言數者莫微於玄之方州部家極之剛柔老少其道原於河洛皆默指趨避之端雖然數之所在即聖智不能與争伯陽感慨於河竭莫救周衰尼父涕泣於獲麟空垂絶筆它如郭璞京房之徒占決奇中卒自罹禍况群衆貿貿語不出師習之常智不越毛髮以外安能蹈火鑿空求遁於窅冥之際乎盖嘗縱觀横覽畢愚慮以論

之茲茲然玄化之内雨暘無定祲禳不一際其屯者乘撬剪爪弗遑啓居履其盈者樹帛糟邱以為娱快凡夫星紀所分治治亂亂消長靡端天數如此乎其不齊也浩浩大塊之宇坎止無恒滄桑時易代之盛也燉煌列障黄流吐清代之衰也潢池煙横甘泉火偪凡夫疆理所畫彼彼此此遷流殊狀地數如此乎其不齊也人居天地不啻毫末窮通險易百千萬態榮之辱之朝曳華裾之堂暮入畀田之院升之沉之晨揚青雲之上夕墜淵穽之中凡夫愛憎所移生生殺殺不可究詰人數如此乎其不齊也令如以有定

之形測無定之數欲强而同之不亦惑乎察萬物之情不過生死兩端人生受形成質如陶冶罏靡不肖像及至於死原始要終以土委地歸焉而已矣故其生也如春氣之行也其死也如草木之氣息於根而未有絕其死而復生也又如水歸大海潛通地脈之下復注崑崙人見水之東逝而不知其環轉也然則人之死當復生為人一氣相禪猶燈傳火而亦有不盡然者蓋天地間原無無情之種動植飛潛與人性情每相感呂穆王南征三軍之士小人化為沙君子化為鶴又以所聞雉入海為蜃雀入淮為蛤物之化

物猶人化物豈盡荒誕輪廻説昉竺國儒者所不道然易大繫謂精氣爲物游魂爲變亦此旨也特竺國明著其教勸人爲善大易則隱之恐相率駭於神怪而微顯闡幽無非示人吉凶之故憂患之道要必知夫人之死不盡復生爲人而後君子增其戒懼之心小人亦稍息其無忌憚之念由此推之猗頓陶朱豈必世擁金穴五侯七貴豈必世享尊榮擠人者人亦擠之禍人者人亦禍之迨其智窮焰盡等之荒煙蒼狗白衣變不終日亦安用役神敝慮馳騖乎烜赫之場膠結乎恩怨之府哉古之君子乘可爲之勢戰謹惕

躬吐握下士不敢以恣欲而以行道誠有見乎此若夫道窮身困之士存心君國加志窮民兢兢乎矩矱尺寸之罔渝愛人利物之恐後不幸遭時未偶言違行拂動與物乖甚至一旦顛仆為世嗤笑雖有絕人之辯高世之行幽愁困鬱無可解免乃其處心積慮之微可揭乎白日可泣於鬼神者素所誓盟蓋已遠矣粤稽嬰杵異趨而同歸文謝從容以盡節又若佯狂箕子後世哀其忠投羅屈原千秋悲其志不必一一見諒當世然生有傷心慘骨之危者安知死無招魂作賦之人是以賢人達士或蹈水火或攖盜賊或

謗辱弗懼或鼎鑊如飴而亦未嘗亟亟求白厥志非
夫委數以輕生盖亦盡性以俟命也嗟呼宇宙大矣
號物之數謂之萬悲愉榮悴曾不能以一瞬乃考夫
在地人物之形皆配在天日月星辰之數日月星辰
亘古未聞增減人物猶是生於南殺於北死於西生
於東人不能周知乎東西南北生死之數而萬物之
生死於東西南北者合而凖之其數不忒惟是濁氣
傳濁清氣傳清邪氣傳邪正氣傳正譬之芝圃瓊山
弗產蔓草鮑魚之肆香風不入觀乎牛哀氏之化虎
即謂三君八俊仍四科十哲化身可也

北歸自討檄

聞之仕不避難罪不逃刑臣之節也是以慷慨則為張許從容則為文謝要期自畢初心而已矣燕京之變凡為臣子誰不傷心慘骨况時以草莽愚賤幸列掖垣竊不自菲薄每於國家大利害廷議大是非宮府大典禮以及兵農之布置刑賞之得失靡不竭誠入告猥荷優容即極黯直狂躁無當聖意者亦輒蒙俯霽天威弗加擯斥是則先帝之於時亨誠不啻國士之恩千秋之遇也刻々感泣圖捐踵頂豈有宗社顛覆帝后卅遐乃少不痛悼甘為背畔以負生平而

干清議者乎盖屡求死而不得呑聲飲血百苦南歸以為猶不失人臣之正區々之念一則以先人兩柩未葬兾并歸骨首邱一則以明祚必當再興尚思荷戈殺賊是以自奉逮繫靦顔犴狴以為聖天子在上賢公卿滿朝其庶幾稍鑒此心乎乃今議者加嚴踧踖無地夫以陷賊不啻千百即就同官論之科員有八乃已歸諸臣用者用遁者遁未滅者未滅以此三百年大變獨時亨執為罪魁是必孽積辜深重干神鬼若際此醒夢不醒弗自審於生死之義是不死之罪既大而以一人之不死下累同事上負明主近滋

懼於海內遠傳疑於千載其罪則更大也請得自陳而自討之伏讀皇上登極初詔有陷賊諸臣恐絕自新凡反邪歸正准宥前罪一款王言昭布中外共聞矣時不幸隨墮賊危城多方行遁舟抵張秋捧詔悲泣竊謂新朝寬政如此設身不即殞必當再矢捐糜以求畢其墜𨻶投釁之初志乃以風傳失實影射滋多一人曰可殺衆人皆曰可殺遂使禹車之泣恩窮於法將令無海內仰明詔者始而感繼而惑後來渙號之頒人懷疑信是致此者真為興朝第一僇民也時罪一昔太祖高皇帝拒趙鍾山之說定鼎金陵英宗

睿皇帝不行徐珵之言再清冀北從來封疆退一步則失一步守一日則存一日是以先帝切責李明睿親征之議正有見乎此於時輔弼之前席卿士之僉謀誰不確遵睿斷原係明睿違衆而言遷非闖時亨違衆而言守也且唐王幸蜀計定俄頃王公嬪御猶不及從寧有遷國之秘謀外可以張皇以告衆自明睿逢人倡言南幸遷議既寢守禦並疏因之金錢緩發士馬飢疲堞卒星稀戰旅雲散每見郡邑尚支賊數年安有都城難堅持三日豈非兵民惑於兩可之說爰令中外頓成瓦解之形乎今明睿臣 置諸不

議而謂時亨疏糾之者致誤乘輿是先帝大烈反因時小臣一言而掩矣時罪二寇遁關中從而西者不少其中豈無一二眷懷明辟思改圖以歸我后者今聞時亨以歸朝即戮毋論西北同賊起事之輩逾堅從逆即東南為其脅迫者亦將捐卹墓棄妻子甘心賊用以求免於一日之誅時雖不阻若輩若輩藉口由時而阻時罪三　忘故土

如聞先歸者伏鑕即部議寬彼三年終自恐難免釁鼓或相率慟悼曰漢於李陵義已絕矣竊憲能為傅介子者少而為中行說者多也彼不自悔失身勢且

於先回者歸怨時罪四抵淮之日連舟千艇難民數萬内大小官紳將数百計自聞時被逮一時東西駭散今如知時難逭斧鉞於旦夕彼驚魂無定者争為澤潞魏博之依奸究不肖者保無張元李昊之志深計之士必且詈時不蚤自投濁流以致興議端滋紛擾也時罪五六等之律昉唐具時執於兩京收復之後者同時訊鞫酌定差等故人無逃罪罪無逃刑(法)今諸臣陷賊纔一月到部又止六人如時獨先衆而僇則凡掛白簡者匿影益深且矯爲謂朝廷之威命止行於数人司敗之爰書止定於已到是法紀之壞自

時始也時罪六贋刻紛傳其最甚者莫如國變錄風聞愛憎乖謬多端其中以死為生生為死者瞭然易見如謂時亨去年三月十九日即受偽職此賊始入城而時皇皇求死之日有是理乎有是事乎使真贋不辨後有奸人播煽凡可傾陷者皆不難以無是公之詭託開莫須有之殺機貝錦易成息壤難恃恐今日之吳邦棻李雲既不可問而後此之吳邦棻李雲方來未已以時藉口將何解免時罪七在昔漢高採滕公之議則季布可原光武焚吏民之書雖交通勿問今聖明掃蕩羣氛招携服畔而乃為時等一案使

遠近聞者謂身一陷賊雖自拔不可復生緣一人之
重辜至碍三面之湯網時罪八夫功罪關乎國是羣
論霜嚴諒無偏責但辟斬之罪時既居其首阻駕之
罪時又居其獨日夕徬徨自怨自艾亦復何心忍偷
視息惟是此身生之自親而成之自君昔人每以不
得死所為懼伏乞海内仁人念時夙志原非怖死推
廣聖明仁孝治天下之心新綸不嗜殺之意或令時
出見孝陵自求死地稍全先人之遺體用彰新朝之
寛信時身一死國法可伸公論並彰其諸情屬可矜
仍望聖慈寛減肆赦毋以時而累先帝殉國大烈必

令詳覈傳信無以時而掩並令
威恩慕義未歸者歸不出者出以共奉國家
之法是則聖朝以生道爲殺所關者宏而所全者大
時死且不朽敬齋心屏息以待諸當事之命

虜寇本末記

國家之敗由虜寇也始乎虜深乎寇卒乎虜寇之相攻遂令北都瓦解而糜爛焉吁嗟已矣不忍言矣顧弗攷禍敗之原者難與以論世不攷世數之變者難與以論人時雖羈魂搖々而目擊深知之事亦安忍默默々而處此也嘗稽歷代世紀自高陽氏而後無都燕者我明高皇帝肇宇金陵後文皇帝因靖難之後遂就桐封以定鼎焉盖緣本朝驅逐胡元故備虜者獨深於前代亦控制之勢則然而使天子自為守千古之奇局實千古之創局也大寧棄地而後英宗北

狩以還虜代為患乃虜酋之戚則自加封龍虎大王始然其初也女真之種有三惟毛憐尚忠於我虜每啓隙輒得窓闚增備又時方用卜以通挿用插以制虜故虜猶不得肆其蠶食之志自 誅毛憐而內援絶矣我又失和卜挿而外援絶矣兼以經撫不協嫌忌横生毛文龍僇而島上之師廢熊廷弼僇而經略之策微後先任用失人是以開鐵既淪遼瀋隨陷三路失律八鎮喪師覆敗相尋莫可底止近至崇禎十六年雖增置寧遠通海諸城而無救於松吉錦義之摧敗三協各路之突犯盖所由来者漸也昔漢通西

南夷斷匈奴右臂唐用回紇以禦吐蕃後用黠戛斯以弱回紇皆得以夷制夷之法年來諸臣失策虜遂莫制而議者乃始欲講撫賞於東仍思和卜插於西其曷及哉夫以海內全力事遼左一方遼左困海內並困賦車索馬財力殫竭寇之起因虜起也釁九邊精銳悉力於遼而無暇及寇寇之橫因虜橫也計寇初發難不過潰卒數百非若張角煽播多年王仙芝黃巢連結多黨也何難立為解散撲滅乃姑息養癰縱之自晉渡河狂流之決無弗泛溢惟彼其黨曰闖曰獻曰曹曰老狥々曰一斗粟曰摇天動是不一姓

亦是不一心若能有如王式之擒裘甫何不可殲而除也如高仁厚之蕩阡能何不可計而定也如岳武穆之掐楊么何不可收而用也惟當事諸臣但借撫之名隳戰之實積數十萬梟獍於腹心之地以噬我赤子而不可散不可止故撫之轂城則叛撫之潛宿則又叛於是自秦而豫而江北而荊楚而江右無不偏受荼毒名臣摧盡爰及宗藩宗藩殘盡爰及陵寢所撫之寇遍中原而撫寇之人惟熊文燦以五省總理置之法餘則擁高牙建大纛晉官階蔭妻子者如故也兵挾寇為重民避兵如仇以致怨毒之氣上升

下徹觸曜而星日無光腥流而黃河水竭豆生人面之怪獸產八足之妖飛火焚城地震彌月每見人代牛種骨代薪炊豺虎吞噬於通衢鷄犬絶聲於千里舉史載不經見之妖孽不經聞之悲慘盡現於數年之間乃其所以致此者何也盖中外止此民民止此財先朝經制賦額不過四百萬是為舊餉因遼事始增新餉因寇事始增剿餉因抽練又始並剿餉之名而為練餉練餉之數以七百萬計餉數倍矣兵丁何在夫何兵不當練而名之以抽宜乎餉愈增而兵愈弱也三餉之中惟練最急民力不支在郡縣不得不

那新舊之餉以取盈練餉在計部又不得不緩新舊之支以取悅練兵故兵日驕新舊兵日怨驕則譁怨則亦譁而好事布進者乘時攘臂奮袂曰若是乎鎮兵之罔益也乃以請纓名募之說進其實譁於甲者募於乙譁於東者募於西驅以臨敵依然獸散而所增之將不可汰所增之官不可減矣廟堂榮寵又輒撫心蹙額曰若是乎用人之弗當也於是朝易一撫夕易一督朝易一司馬夕易一司農避其任者未辯集事之心先圖卸担之局罅漏則委之前人弥縫則以待後至竊竊然冀倖乎白簡之及而時移勢易局

中之事全付之不可問矣夫國家之設文臣原統御武臣文臣之氣弱武安得不靡文之權輕武安得不悍故養武臣之亂者文臣也貽文臣以死者則必係武臣年來上方亦既屢賜矣大帥誅自行間者止一賀人龍而文臣之亡鋒鏑肆市朝者骨何纍纍也豈非請廢制科之輩誦經殺蝗之流倡為欺罔遂開朝廷厭士之心而啓閫外跋扈之漸乎積習日深一日疆事亦日壞一日爭洛蜀者水火分途附牛李者局面屢換蓋自遼左戰守之議紛呶以來中原勦撫之議又聚訟繼之催戰催勦不必計軍中之利害而惟

計廷論之可否言欵言撫不必計疆埸之得失而惟
計身家之安危陵夷至於大敝極壞民之苦墨吏兵
之苦債帥者反私幸虜寇之至明詔威令輒格不行
迨至榆關而外孤懸寧遠一城廷議欲撤其兵入以
守關門猶曰不暇及而闖自西安出師破晉省摧邊
郡突下宣雲識者已羣知北都之岌々無論虜入亦
敗寇入亦敗特寇以先至遂如疾風隕籜耳嗟乎以
祖宗三百年厚澤深仁先帝英明恭儉一旦萑苻竊
發遽至龍馭賓天九廟灰燼寧不痛哉國家餉問計
臣兵問樞臣城守問戎政臣此不易之定制也遠不

其論論其近者虜以壬午冬入口癸未五月始出口凡八閱月不可謂暫然而帑金之須發太倉之給領日無虛晷猶勉支於不匱至甲申春總計癸未外解僅完及二百萬欠者什九呼籲脫巾所在見告於是議鈔法議鼓鑄議事例鬻封甚至議舉富宦舉貪官乃鈔則時地俱窘撤桑制器議迄不行鼓鑄私錢當二當五不過巧剋各軍初非實利故市民既怨小錢之壅軍士又嗟當折之苦至事例則不應鬻封則不應舉富官貪官則不應夫豈不欲榮身以及親分朕以取瘠哉盖既避其名又避其怨故也計無復之僅

有各官捐助一法然合在京文武捐只五萬金迨寇臨城之日求二萬金餉守軍止得其半以頻年敲筋扶髓之誅求飛水挽陸之勞瘁誰非以資飽騰裕軍國何猝遇驪山不逞之徒曾弗若一富人室支撑旦夕所謂加派二千餘萬之餉將安往也此其不可解者一壬午虜入各鎮援兵至者如林如雨有薊鎮之兵畿南之兵宣大之兵甘延榆固諸鎮之兵山左右之兵河南北江南北之兵以逮蜀兵湘兵卽閩廣滇黔之兵皆抹厲在道曾未逾一載援兵以寇至者僅唐通一旅名為八千實三千耳又且調赴固關率先

降賊環都城外全無所謂援師焉計寇渡河在春初豈司馬遂無一檄及外耶抑檄而不應應而未至耶又或聞京城失守中道還轅耶天寶之亂常山太原之師奮於前井陘綏德之衆繼於後以視今日人情何似國朝以邊衛腹以輔衛畿兵制不可謂不密乃尋常道遥河上則有兵譁譟索餉則有兵獨至帝都急難求一臂指之捍無有也此其不可解者二計北都城堞共一萬七千有奇大小砲台以四五千計壬午禦虜紥軍計用六萬巡捕營列於内戰旅列於外凡十有六門門各一營每門除坐派各臣外兵部一

户部一工部一又分遣科員察飭各郡下堅壁清野之令於是居民入都者牛車絡繹至甲申三月十五以前城卒垜卒纔三千名尋加至三萬視舊已減半矣而外之戰旅列營者寥寥也蓋自大疫之後營兵捐三之一縣缺未補又若輩非盡隸籍都門散處各郡邑者去京或數十里或數百里每月分上下班輪操操畢旋散其在內市民班皂充頂者又多係雇覓游手菜傭冒名應點人輒數役故每操除簽掣一二營聽候點（演）試外餘則未及朝食輒鳴炮散去稍遲則曉々欲譁（譟）蓋恐妨其正業悞其歸期也而城上演炮

名為响城不加鉛彈初無標準可以試驗主者但期聲响之齊一惟聲溢而响後者斯有罰計環堵所列止刀斫所挾止砲石所恃屏蔽止箭藁未有强弓勁弩可備射擊也未有堅甲固盾可備衝打也未有勾刀飛駁之屬鐵汁毒烟火鳶火鴉之類可備破雲梯禦穿城也且守軍以火頭軍充什長非老即弱受制散軍而戰兵帶有刀劍者不能滿二萬有馬匹者不能滿一萬自以諸内臣分遣畿輔察飭控絃驃悍之士利在得餉多應募而出蕪之舊總察臨敵更易圖復真定追烽火既逼真定未成行而戰旅散守兵並

散矣凡此者時曾屢疏力爭未能得當惟有痛哭流涕處於無可奈何之勢以故三月十七日賊一臨城兵之格於外者不得前軍之罷於內者無從派所辦戶兵工三部司官尚靡見一至者城上提督惟諸閹寺堞軍食無米炊無爨僅乞煤炒以再延為命坐見賊札木為梯挖城為洞而莫得一禦之之具也夫以天下之兵謂當莫強於帝畿帝畿之兵當莫強於三大營每日雷轟霆擊之聲不絕於耳鮮衣怒馬之遊不絕於目呼金索械之檄不絕於通都旌功賞勞之報不絕於內府乃禦賊禦纔三日城遂為墟所稱宿

衛貔虎之雄桓赳之選將安用哉此其不可解者三
雖然時雖窘迫未嘗至采蕪菁掘雀鼠之甚也晋陽
三坂猶摧强敵即如近日郎陽之孤特汴梁之死守
豈以都城弗敵郡國向使舉朝公卿戚畹並文武臣
工各率子弟登陴智勇齊奮又並出橐金分享士卒
亦何難少支數月乃城頭矢集如蝟而騶從之呵自
如城外火鼓連天而扃滕之固弥甚安居者足不窺
城闉坐門者目不睹雉堞即有憂心扼腕者相對呼
嗟惟以乏餉為束手及至賊入都城車幾千兩馬幾
萬匹所捆載而西者又何非歌臺舞榭之金珠繡楹

錦檻之縧幣哉以之媚賊則有餘以之犒士則不足以之供姬妾之愉快則濫觴恐少以之佐君父之緩急則錙銖必惜恡財而財窮逸身而身斃不知國家是何厄運上天是何降災遂積此千百庸碌之輩坐悞明主以人國輕擲而不悟也乃論者又曰本朝兩京並建猶周之東西京也天子以四海為家當茲虜寇交逼何不力主南遷之議是則於事為審變於義為達權然而當日情事固有未易一二論者嘗稽虞夏以前遷國之事不少概見惟殷避河決仲丁遷囂河亶甲遷相祖乙遷耿遷邢盤庚遷亳武乙遷河北

此非有門庭之寇其時皆暇豫也周平以豐鄗逼近

戎狄遷都洛邑亦在定亂之後若唐玄宗密與龍武

將軍陳元禮整比六軍厚賜錢帛選廐馬九百餘匹

外人無一知者甲午方於勤政樓下親征之詔乙未

黎明車駕已出延秋門矣時公卿大臣多不及從即

妃主皇孫之在外者皆委以去蓋倉猝避亂非若是

之密且速不能也又若晉之亂琅玡王原先督兵在

南宋靖康之亂康王亦適以出質在外兩朝南渡事

又與唐較異乃逆闖犯北風雨驟至甲申春仲之二

十日先帝令内閣會同府部詹翰諸臣集議軍國大

計有請東宮出募義旅者有請二王出監南國者先
帝皆寢其議不行至宮允李明睿獨請親征之說先
帝則痛加切責王言有赫震播外廷閱旬日而時爭
城守糾明睿之疏始入向令先帝意果親征從明睿
議後亦必簡車乘飭上駟備芻粟密令一王大臣為
之經理而何以閱其無聞也然則乘輿不出決自睿
斷其不關小臣之片言亦明矣乃先帝所以死守不
遷之志亦寧詎漫々而出此憶唐玄宗時承平既久
關隴富庶內不煩乾餱之需外賴有李郭之帥且祿
山起兵范陽南路無窒自長安達蜀車軫可接無所

為長川巨波險阻之隔也先帝不幸即位以来戰伐
征調無寧日又兼災祲疊見比年郭門而外白骨相
枕緜纖南鄒魯以抵淮泗凋殘困敝民皆化盜供億
無資而方虜出口未久援師不集禁旅難恃如鑾旆
猝發航海則狂飇驚心遡漕則沙路淺塞且寇起中
原踰河而淮而江皆賊騎出沒之地時方警報狎至
羽書盈路安敢倉皇一出以萬乘為嘗試乎至若守
而不効其殆時數之偶然天意之莫測即先帝聖智
不及料而豈臣子愚昧所能逆睹也聿觀開闢及今
死宗廟者曾未有如我先帝此其英風大烈上可對

揚烈祖下可昭示後世從古無千載不敗之疆宇而有萬世不磨之志事今廢於北者興於南天固將假手聖明中興以丕纘先帝未盡之業自是掃清幽燕日月再耀使陵園震而復安九廟恫而復妥即謂先帝生氣與江漢常存可也乃以遏密之悲號或至掩振古之帝烈而謂言遷者必忠言守者必罪此是非之大關大鍵而可傳疑載筆乎抑時用是而重有感也天下者非一日之天下也北都者非一隅之北都也先帝者非一人之先帝也逆闖之罪海内切齒然虜以我薊國之義激入關逐闖功誠高矣使闖敗之

後虜仍以北都拱手而歸我以視唐吐蕃之請和回紇之內附寧不更足千古乃遂據我舊都臨我臣庶君長我畿甸驅役我人民甚至漫滅我國書侮辱我使臣此其於闖有以異乎無以異乎然則天下之不可一刻忘虜猶之乎不可一刻忘寇也寇不滅虜終不可制虜不逐陵廟終不可復也先帝當萬危之際晉爵諸藩封鎮計必有深意存乎其間今天下之兵半歸藩鎮而餉亦半歸藩鎮矣兵積而不用則易爭餉用而無式則易竭唐之藩鎮多處西北而今則盡列東南也唐之西蜀靈武猶以中原恢復河朔而今則

偏以江南恢中原也度虜之勢必爭河朔寇之勢必爭江南我當深為防江之謀而又在速為渡河之策是非可以虛聲動必以實事舉也然則聖明應若何薪膽諸臣應若何振勵司兵者若何籌訓練之方司餉者若何講生聚之法平勃若何以交懽衛霍若何以建績從來六朝之地止足偏安而謂灑新亭之泣者可忘呼過河之三乎竊以為報仇雪恥之念始而憤繼而思久焉則亦漸忘矣時曾過山左見沿河義勇無不翹首漢詔思捐肝腦傳中州山寨亦然以今所聞稍々異昔揣海內情事不甚相遠是則用其朝

氣雖市人可驅於淮陰用其暮氣雖拔山亦盡於垓下子輿氏曰得天下有道得其民斯得天下矣則當今日不圖收亟悲憤人之心不可也楚材晉用則晉强虞材秦用則秦覇彼張元李昊之歸西夏王猛之歸符堅士亦何論賢不賢而要之朝廷之才不可棄為盜賊用中國之材不可棄為夷狄用故曰得士者昌失士者亡而在開創與中興之朝其關更鉅况今陷寇陷虜何啻千百勢不能人人而張許人人而顔段也誠令寛其一面以勸内向使中朝人物不化為異域又寧非所以擴覆載之度彰顯比之化安反側

之心盡懷来之道哉則當今日不亟圖收亂後之人
村更不可也夫以虜之内犯始戊午寇之起亂始已
巳凡二十八載之間今海内羣策羣力竭歷而圖之
其中豈全無才臣智士足以方駕古人而卒莫與敵
即間有報非常之捷者亦袛収効於零級叙功於焦
爛欲求如順昌之幟淝水之戰始終緫不可得今虜
業并諸夷闖亦并諸寇一據燕雲一據關中其為强
與衆更倍曩昔是殆未易力爭而可計取也且并難
計取而可義服也刑所以禁暴德所以平刑殺所以
鋤奸生所以化殺禁之鋤之而四海仰其威平之生

之而四海仰其仁也夫威之不足以敵仁也自古然
矣今日有明而熟於國家之計者亦可以深長思矣

愾言詩序 崇禎十七年

漆身吞炭為國死難臣子之義也懷志弗遂痛恨欲絶不知凡幾引睇鍾阜其雲蒼蒼知漢火復炎宋鼎再奠必有真人起丕纘十六朝之緒恢復舊物者昔魏文貞不留於建德顏杲卿奮身於紫衣後皆勳烈炳著焰耀史冊我非其人所遇略似用是匍匐南返即不敢冀復贊鴻業歸骨首邱得死先人墓側亦不忘君親之義云爾仲夏幸脫於寇至

舟膠寇梗日行未能數十里或僅數里而臨清易舟濟寧起閘停泊各十餘日抵宿遷已閱三

月餘矣張秋兩家僮至約略聞白下蜚語或謂鴻飛冥冥其庶無殆予謝之曰餘生非我有歸以明志如張儉之累子姓朋友弗為也奉逮宿遷覊淮一月不即死於淮得赴廷尉猶屬天幸嗟乎以予生平勉強自好薄官十年北門交讁入垣兩載　坐門登陴者凡十月計疏百餘上大約納牖以仁義交儆以兵虆洛蜀之爭雅非所慕不審鬼神何所顛倒遂至斯極命實為之於人何尤此日立言非所事紀厥本末聊託悲歌淵明所謂逢人拙言詞庶幾筆以代舌乎

舊京悲歌行 宏光乙酉三月十九

悲舊京悲何如哀來不自已涕泣徒欷歔薊邱萬里斷羽翼春山黄鳥無顔色高皇文皇此日中同向天上增歎息蠢兹銅馬安足雄吾君聖武歌大風大風忽逝悲風烈龍髯遥空騎玉虹十六門外蜂煙昏殿閣萋萋長芳蓀麒麟鬪死鳳凰泣宫車聲裏化啼猿文昭不啓武成閟芙蓉闕下飄花淚那堪呼韓稽顙臺頓作單于歌舞地十歲夷王稱老憨千官編髮亦呼三嗟哉北人不歸北奈何南人不歸南陵前陵後淪荒草蒿楸墜葉何人掃胡兒走馬出關門揚鞭不

下昌平道腸已絶衷如刺上書不記幾千言千言總是傷心字滅没秦灰中那辨帝京誌惟有西山舊遺民彷彿能道開元事黑龍江上羽紛紛疾鷹怒犬如屯雲桑乾獵騎横淮海漢家誰是飛將軍聞説奴兒敗寇還大河堤畔甲連山驚魂猶望漁陽火照見君王未可攀

泣黄溢　先人攢作

天地亦云廣一區空爾存江北未返骨江南孰招魂覊棲不得歸日夕悲恨吞僅餘數莖髮未忍全爲髡留身將有爲反負怙恃恩干戈塞道路況鮮弟與昆

疑误

荒邱生凄涼蒿萊蔽孤墩夜夜如寒食燈火不復温
感此溪頭月分輝照樵門還為禮河伯黿鼉莫亂翻
遙為叩山靈猿猱莫頻喧恐驚雙親夢益痛遊子寃
遊子寃莫雪有怨那敢言涕嗟忠孝事千秋將何論
安得死親旁永守枯樹根

寄内

結髮三十年别離恒十五昔日别離難今日别離苦
感子月心照我同終古不怨比翼分匪嗟北門窶
我生蹇又△命王事徒靡盬門祚多衰薄那得封萬户
悔不從於陵偕子學稚圃南園日以荒春蔬不可取

疑是前字

蔓草彌空山孤嶲誰與撫二三僮僕散羣兒靡安堵嗟此七尺軀莫歷九州土朝鷩飛鳥度夕畏室鼠侮耿耿理清鏡兩地浮雲睹不敢尋歸夢路恐逢豺虎閉閣斂樵烟△簷墜微雨

懷姊

姊年今六十設帨是芳辰有弟不能晤逖遠如匪親豈曰骨肉疎奈此羈紲身嗟我徒廡吏令姊長食貧嗟我覯禍亂令姊倍愴神吾甥寄書來道姊意諄諄姊猶幸我在旦夕解眉顰豈知寄來書如語泉下人憶昔一日者為我說來因長大必壽考王家為賓臣

父母喜動顔姊亦愛如珍而今回首思星緯總不真
家園五百里隔在河漢津陰雲夕夕秋巖桃空自春
欲回吾孫繈恐姊增酸辛吁嗟同蒂花飄零成梗萍

示諸子

方我讀書初慷慨輕七略不傍李膺門寧慕公孫閣
其如時數違有懷多舛錯昔人重知幾何事競諤諤
匪同機與雲豈嗟華亭鶴惟念立身難今也更非昨
群兒負氣誼所屬在静約不見数尺羅能下層霄鵲
祖父耕桑業自我成零落獨有架上編終古聚英魄
嘗存貧賤懷富貴無鄙薄嘗凛患難想居恒毋耽樂

嘗念衣食艱出入 毋浪作嘗畏人情險寸心 毋浪託
海内難未平聚散如隕籜勿言善可恃汝父亦不惡
念之愴然悲此身何飄泊所以古之人不廢黄老學

與諸知己

知己散天涯永别良已矣二十一史中説從何處起
決絶還留連明心指白水此身胡以留未報先皇死
寧與性命爭不為金錢使寧與文謝遊不為曹董止
箕尾猶在天山河猶在裏菹醢亦徒然受之甘如旨
殷憂已 方新忠君從茲始用舍關國家為告諸君子
數豈制 英雄肝膽應如此

疑是玉

愾言十五首崇禎十七年

芙蓉峰削至△華清何事縱橫鐵騎鳴作賦儒生空説劍輕裘大帥畏言兵丸泥未得封函谷介馬先須扼紫荆莫遣愁心依太白秋聲已到拱華城

防淮

寇将渡河余有疏請增防淮上其略曰唐之中葉恃西蜀一帶為屏蔽軫相接也宋之中葉恃東越一帶為聲援航相通也國家定鼎燕京强兵皆積於邊中原兵弱故寇從中起遂成莫支之勢淮為南北咽喉速宜收拾云

云然則予之議何嘗不亟在南哉屢具疏爭
城守求固本根議者風聞或未深悉此中顛
末矣
海內車書禹會同煙橫沛里應歌風黃流自古分南
北淮甸於今繫鎬豐邊馬日嘶中漸弱澤鴻夜嘯路
須通臨河凋敝諸州邑鎖鑰何時借寇公
寇入
北都守卒舊制例用六萬今春減其半緣乏
餉也且三月十五以前僅派三千人爭之舌
敝加纔二日各軍未及領米寇已偪城下矣

疑是原

萬雉煙寒突未黔飛騎直入恨難殲鼓鼙已死黄雲塞鈴閣猶酣黒夢恬舊事漫書空咄咄新亭欲泣雨霰々小臣薪胆成何濟獨倚西風悲斷髯

墮陴

三月十九之晨予與芳洲繕疏方畢同里澹石梅坦庵西源△長源若魯諸公湊金三百兩有奇屬余分食饑卒未及布置忽報寇至相約芳洲墜陴而下幾死比見芳洲為賊加刄者再予斷左臂賊揮刄肱上執以詢芳洲曰若何官應曰不知乃舍去遂不獲同及於難

負我良友一恨也

揮戈執手未能翻雨驟城頭天欲崩恨不分身同雀鼠漫勞强項逐鷹鸇黄金難買三千士白石空瞻十二陵島上田横猶復爾愧将血誓負良朋

古廟

原作垂

墜△陴未死環城覔井皆石甃口不容身因嘆古人預為止水良有意爰入娘々廟經以襪帶為老巫解救出城上衣帶詩示之其辭曰抗議知無補憂時畢此心君恩慚未報遺恨古今深巫悲涕然卒不予以死所二恨也

勝概當年事已殊難將斷臂引鋧鋙人心忽化黄巾壘天意終歸赤伏符古壁龍蛇驚獨走空階鳥鵲下羣呼自題衣帶傷心處涕泗蒼髙日影孤

慘押

二十日被執予大詈於旗鼓之門遂為押去守以甲士次日僕至密為詩授之歸示兒輩

今反負此詩三恨也

東海之水何湯々我欲蹈之遠難翔西山之薇不可食我欲采之空太息自古聖哲良可師此身不死將奚為吾君吾親恩莫報誰家誰國忍相隨侍中血常

山舌寄書友人先與訣議無補恨轉深題詩血淚在衣襟城頭城下與城中一望荒煙吹悲風吾志已決畢義命擬秉浩氣歸太空

御河

三月廿六日舉國偪押如值狂飆予幸掣身御河回憶窘辱營中思此水如天上波呂畢命亦已矣爾際僕役靡一在側亡何行道王明等救起移時方甦環堤視者千餘衆予再三欲復入水不可得明等扶翊欲避僕役匿於東反與之值强扛田真如寺雖曰生之慘

倍於殺四恨也

桑弧徒憶我生初精衞呼窮血有餘涕泗擊殘燕市筑牢騷怨逐楚江漁雲瞻屺岵空悲木夢到君王不忍書明月寸心溝水碧莫將九辨強招予

哭梓宮

誰挽烏號射有窮韋衣欲濺思成空鑾車已碎高皇廟寶鏡同埋帝子宮市丐欺人驕白日鬼憐為伴哭秋風誰知遏密敷天痛　是黃虞想像中

行遁

自投河後刻思遁去屢為守門卒所拒寇往

榆關始得乘間噫恨晚矣出城寇梗僕從駭
散賴一張姓者素未識面導至西山居數日
始獲僕輩登舟此又一異也

魂驚不識江南路僕散空悲薊北天蚤是白雲生斷
壁相招黃鶴引歸田漢家臘祀還從舊晉代春秋自
紀年欲惜羽毛身已老雪庵往事倍悽然

舟阻

姓名誰復說公卿澉履輕舠遲暮行一線　沙同鳥
道環堤寒竈絕熒鳴荒城乏役官為吏山寨多豪賊
禦兵時有乞降土賊徐姓者與梁山吉弁爭護送各舟至相仇殺而徐較無擾五月家音

猶未到故園子弟不勝情

、淮獄

瓦縫參差蝠鼠飛枕邊箕斗欲浮衣百年國事恩仇壞半世痴腸慷慨非鴻雁畏人書不至干戈入夢願多違相逢問姓無相識幸值窮交舊布衣（時黃穆生以解餉累繫淮饘槖皆取給焉）

縱蟹

淮上初度有市蟹為予祝者群螯戛々吐沫如訴予見之歎曰凡物怖死之情類然乎爰令縱之並為藏身不固者悲也

羨爾淵居足隱淪奈何石穴不藏身翻因甲冑来漁父漫以清流餌市人明月自寛江海路浮生同夢柳花春相悲復縱深潭曲且對空尊娱此辰

部繫

木葉蕭々風渡河雉羅嘗畏獵人過羈情欲逐繁霜落文士偏驚此地多（同水心階林介生諸公）對茗分箋惟鬬韻窺山登閣一行歌楞嚴細讀還愁盡留遣情魔與病魔

茹素

寒壁朝餐思渺茫床頭如旅牖飛霜久知俗薄安貧

拙頓悟身空信梵王匡阜雲中山藥老浮邱峰頂石
蓮香若逢放鴿冲霄出還擬丹書獻上方

感遇

吁嗟乎我生之窮如此哉拔刀觸地莫徒哀西山雲氣忽以黯御溝之水東去不復回挾瑟上城頭城頭車如雷千里馬至安所騁從今　上燕王臺有血無從灑車軒龍髯莫攀咽何言花淚六宮闃陰雨昏錢寒巷啼宵猿欲走胥江路吹篪誰予顧欲效荆卿歌圖窮将奈何丈夫有心不得死兩翅垂垂空復爾子房報仇天地震悲風且渡黄河水我聞夏室一成一

旅猶足王卯金亦遷炎火揚李泌自能佐靈武趙鼎
詎肯臣邦昌吁嗟乎仰叫閶闔俯滄洲五嶽之中日
月留日月易以老憂愁不可道危峰雨落秋千尺狂
波翻洗空江石勸君讀史且終篇莫把英雄眼徒白
招招語鴻鵠鴻鵠自高翔繒繳匪所避豈曰謀稻粱
趙州有酒還當沽相逢俠義傾千壺吁嗟乎我生所
志胡為乎

集字 甲申冬

五言

曲徑層坂上穿岑抱早霞雀来邨夢曉鹿去岫煙斜

簡字記群樂拈香訪異花隔門飛淺碧空翠滿山家

靜悅憑書史躭閒禮梵王茅庵僧待語竹户虎窺床

引斷驚琴古峯危覺鳥狂宵鐘偏在耳與子意相將

勞騷心自碎逐隊莫言閒破淚彈琴劒移師動海山

（野）棋藏虎豹吏騎隅閒闋緩帶輕裘日清廬待夢還

清懷原不染片石比心閒貧旅幸依佛吏猶悅選山

幽懷通艷夢夕照逐星灣落日遲書剎含情待醉還

持心惟選佛虎鼠付浮沈古石通幽夢清猿動旅愁
夕山疑帶雨虛刹逈含秋花落移潭影懷琴待枕流
曲折尋芝谷空潭音自傳展懷惟對佛驅意學參元
洞杳飛泉落亭間瘦竹穿岫門煙雨夕展簟聽鳴蟬
淺壁穿飛瀑晶簾隔樹平雪枝鷺舞鶴晴柳帶流鶯
石澗通幽刹清江枕小城詠詩懷別友明月臥吹笙
偶會空堂內荒郊霜漫欺瑤霏驚夜舞雀語峙峰危
掃谷懷僊客尋春飲快姬鳴笙嘲碧水新詠有人知
片々鷺平野霏々繞水鄉漫須鳩送雨疑是雀欺霜
訪客懷瑤谷留姬飲碧堂癯峰橫尺鶴到處舞空香

又是東風曉躭思韻有餘雀窺山館畫華映小樓書
輕騎穿堤半羣芳隅梵居成名須退虜裁句蕙堂初
暗芳懷隅夕尋句待羣公士女東風夜絃歌山月中
畫棲書小扇蕙館下輕紅半是情根在狂思問曉空
躭句懷猿雀危枝下夕薰不須女是槃偶有士成歌
羣扇輕風活芳樓初月分退之如散吏書畫繞山雲
危棲芳半遶情思寫中宵月暗猿多苦風傳　驕
戰書闕吏隔飛騎夜潮消雀散西堤暮尋音市紫簫

七言

天南綠樹倚雲邊碧洞虛岩鎖落煙小苑輕謳傳靜

夜長軒飛影待歸船重新紺殿秋偏永將老蓮衣夕
更鮮萬壽山高然玉燭西園擬賦定誰賢
昨日層陰今日晴小門靜鎖旅魂驚短謳長涕難為
夜老柳新鳩忽又鳴虛洞封雲終是幻蒼崖穿竹影
同清典衣買劍尋常事寒碧天高達此情
掛冠足快謝塵勞此事茫然信所遭每憶朱家藏虎
士驚如蜀道下危濤降心猶說投荒好作賦應嗟上
苑豪暗笑亂香愁不了星河飛鵲自孤高
亂光園屋暗香穿幾遣詩魂寄竹邊予有此心難贈
子僧教如是好參禪斷巖餘翠飛殘怨小野新春碎

石煙所事茫々誰足信草堂獨宿意飄然
渺々燕齊隔萬岑豹關誰為鎖平林招將之子虛謀
昨私嘆家園又到今西路雲寒傳鹿走南遷音斷豈
臣心天高未改新恩降重引歸帆夕照深
未解勞心寄典籤敲門曲巷傍青帘坐聞碧洞喧鶯
語漫逐濃花落采簾如彼潛謀惟所快渺予讒說獨
能恬鼠禽亂鬭穿林戶幾折修髯悲恨兼
嵩岩飛翠寫虛堂地遠心閒矜獨狂應許高名同謝
朓却懷仙子託長房逢生肯為煩愁老洗耳甞聞芝
鳥香枕石孤栖如野鳥好聆清夢到横塘

原作管

亂離敢話錦堂遷旅雾愁沾子月天戰氣千年橫涕

怨歸心三島碎雲煙西園未斷清閨夢邊地誰耕老

上田閒咏不成詩意少虛床獨坐徑忘眠

樵門山寺遠飛霜一片晶心寄梵王酒後憑樓還讀

史病餘少事好拈香泉明當笑忘過客安石偷閒悅

草堂誰△東風浮落日身如海鶴帶蒼茫

高山半壁峙香龕澹遠心知約二三遷史竒文身後

永坡仙禪喜靜中參曉峯放鶴飛蒼海遥峙歸雲寄

碧潭閒賦流盃仍對咏霜風木落大江南

可憐落日聽岑猿徑引歸樵隨晚村去取多疑問鬼

谷心知一話傷夷門皋嵐寥落鶴來處軒竹暝涼鵲
偶喧抱雪洗懷靜已足閑看斜壁楓飛翻
飲仇買怨付千官豹隱於今脱素餐古洞臨潭聲亂
折雪枝分壁意高寒清鐘荒寺揺氷落野艇飄鴻驚
夢殘海市蜃樓峯雲朝夕變細看岩翠下闌干
靜刹含秋萬樹涼南溪層翠逗岩光漫懷典引同王
命將擬香山對草堂躭病翻教雲氣老退歸猶寄石
芝香高臺吹落 江瑟幻起潛蛟弄碧滄
生謀未了請重論彈折箜篌舊咏翻梅有暗芳飛永
夜柳揺春曉近清軒誰家游艷疑神女偶逐書淫載

酒樽壑水洞天欹鵲影雙星點々照江門
荒郊茅巷退遲々古道於今信轉疑亂日驚波懷友
咏病中倚雪讀兒詩難消嗟嘆東風醒細忖行舊藏
事奇名士偏窮頭欲秃元亭擬易漫相欺
蕭條澹掃雪花天坐倚空堂雀亂穿偏有詩懷難管
束所嗟近事少金錢退除荒徑惟高卧買就茅庵欲
友禪漫笑嚴光交道薄煙波幾尺老漁船
水點蒹葭翠欲兼剪茅荒徑畫垂帘清尊遲客添詩
伴短燭懷歸對易占齊物難同俗子論傳經惟許老
僧拈呼来飛鶴雙江破間見藤華逗幾尖

□

晴峯落日倚荒邱孤性遲：許伴鷗数尺斷岩垂水
壑幾行飛鶴點歸舟詩奇欲對清江論志遠難將短
燭謀惟有兎光能破少東風若為嫁春愁
坐愛春園竹樹穿池痕洗影自生妍煙歸紅藥遲金
谷雨點晶簾出畫船鏡裡清姬看醉舞梅梢碧鳥度
歌絃晚来日落藤花上細剪輕瓊寄采箋
畫閣長綃嵌壁垂隔林尋徑渺何之嬾貪葯△為驅
病癯愛禪林欲話詩郊有清尊魚待鈎簾揺碧樹綠
相宜踏歌明月難言別醉性騷情儘客思
曉寺聽鐘又已昏涼風送客餞蔬園香籠竹壁堂如

□□

水醉引藤床鶴伴尊封雪千重消燭淚剪綃数寸媚
花魂盟鳩但使隨予拙鑿谷從今辨月痕
日下藤暉剛滿樓兼聽壑水走瑩篠煙迷蒽谷遊仙
夢風亂香汀送客秋瞑寺霜鐘容鶴管清林竹月引
華搜詩盟酒賦酣如此携手重尋洞口舟
調瑟裁聲夢裡心邀△騷性細△尋鶴扳谷綺穿将
上鳥弄紅残栖欲深倩壁游絲霜染壑斜亭碎玉瀑
侵林漫疑事變浮鷗杳老解岩光不解令
何堪蒽谷染残春事逐浮生過不真老托栖林當命
薄漫將讒舌笑予貧穿岩鳥雀聲争變弄壁游絲花

碎茵秦瑟齊謳今忽杳蚕叢猶寄夢中身

芳樹淩軒翠欲嵌樵門飛雨結氷涵羣生走險貪朝夕吾道宜窮躭壑岩亂竹鹿過添客伴小庵鶴舞澹春衫隱心細忖深垂釣閒数沙洲隔幾帆

斷枝含碧映空澄花裡垂帘樹幾層翠壁輕風飛落日氷岩夕眺引歸僧帆摇暝壑波疑畫春到閒軒醉欲憑却笑杜鵑剛去後嵐光今已逗新藤

浮生已逐浪花飄退就閒庵足解嘲躭病拈箋詩欲老臨溪洗硯鶴相招舊京落日飛残照斷壁横秋聽淺潮道是五侯能醉客却憐畫谷引歸樵

疑误

弄壁孤棲香影寒臥餐雪巘學袁安黄金散盡偏無
事鳥雀馴階也足歡依佛莫言浄地少窺山自覺小
樓寛茫々江海思歸路老我漁蓑一釣竿
侯門選樂事繽紛三五謳絃舊苑薰紺△樹窺粧招錦
鳳寶鐙結綺剪仙雲簫聲破玉憐今夕瀋雪依山待
此君為謝怨鄉情不減幾龕鐘磬隔林聞
叢條漫漫鎖栖鴉尺簡殘經暗鼠牙蕙谷初温消劍
樹素堂幾逗悶燈花秋風碧洞収清照東井斜暉映
紫霞舞馬謳筵虚快會躭予貧骨老山家

題橘

金輝燦々綴高枝質帶風霜别有奇安得春歸偕奕
叟呼来斗酒聽黄鸝

辨疏

為泣剖千古難當之罪名特陳死不背國之本末仰
祈聖鑒以明臣誼事竊惟事君致身千古定義臨難
苟免烈士羞稱今罪臣蹇遭國難以屢求死而未死
之身匍匐南返歸命朝廷而議者嚴執大義以責之
復何辭哉顧議所自始總緣三月十九日即授職之
偽刻致之也奉命逮繫恨不即剖心自明計自賊破
宣化報至燕京戒嚴總察協分信登陴各文武分門
畫守凡諸守禦事宜罪臣宜盡之言不敢不盡請加
恩軍守頭目請增守軍垜口請列戰旅城外請自兑

商銀五百兩以為衆倡請速發餉以飽饑卒請留内
員守城無外遣請止舊總察王承恩戰卒無遠調請
文武各官親上城堞堵禦諸疏雖空言無補乎而一
腔熱心已枯矣乃三月十四日以前城上守軍僅三
千名至十五日始以力争加至三萬堞口砲臺尚不
能遍而外則全無一戰旅户部那餉一萬兩支散未
週寇已環逼攻未三月而城陷洵千古未有之慘變
也賊從王德化所坐入西直門入罪臣於平子門悲
憤墜城誓以必死自經者再復為衆奪爰悞信先帝
龍御潛行東宫二王無恙一時隐忍有待次日旋被

原吏之两字之间
旁加政字不知何意

禁錮賊營展脱無路至二十六日賊逐户搜索衆官押同點選罪臣義不受辱投死御河環堤共見不幸為行道王明郭萬里等救甦強扛回真如寺内肢體折傷鼻眼流血待斃淹々月餘尚不能屈伸身雖未死其志亦足哀矣未嘗一登偽吏之堂居其職任其事令以垂死欲絶之時為迎賊受職之日可乎至疏糾詞臣李明濬因其有請先帝親征之議比蒙先帝面諭閣臣痛加切責事寢不行而明濬猶逢人刺々不休闔城搖動紛逃恐成潰敗罪臣故以倡言淺寇糾之為求須諭安定之人心計未嘗明及南幸也尔時

寇已環偪餉乏兵單援師阻絶老成深識之士無不
謂六龍舉動應出萬全罪臣叨列言路豈忍預料傾
危緘口待變且廟謨定於前而補牘在後議積忍庭
事經名對先帝自殉身陵廟豈外議之能移天意在
聖主中興詎人力之所及況同時露章有兵科都給
事中臣戴明説兵部主事臣成德豈罪臣一人私言
乎乃罪臣糾者為現在　廷之李明睿今傳為殉難
憲臣李邦華風聞易悞即此不見一端耶罪臣以四
月廿四日竄匿西山於二十六日登舟張灣沿途寇
阻日行烽火刀劍之内至德州　檄頻追多方閃避

不忍事　者仍不忍事寇之初心也抵濟寧即聞南
中蜚語時非不可行遁因欲明心跡亟圖南歸乃被
逮宿遷羈淮一月其慘辱為北歸諸臣所未有嗟乎
罪臣亦讀書稍明臣誼者服官十年貧拙自守入垣
二載疏百餘上從不敢一言一事不從君國起見豈
一旦毀喪節心如人言之甚乎射影風傳激成衆論
痴腸抗直釀為怨端遂不圖貫禍至此伏讀恩詔開
陷賊反正之条近旨寬来歸内向之等偽刻追提仇
誣訐辨罪臣欣逢聖際何忍自阻向隅不以百折苦
衷求白於堯仁湯網之世哉生死係於一時名節關

乎千載伏乞聖明鑒察罪臣墜城投河求死不得之

心垂憐罪臣間關萬苦必圖南還之念電誣憫枉俯

賜昭雪庶臣心得明臣死亦瞑目矣罪臣無任激切

惶懼待命之至爲此具本遣僕奏聞伏候勅旨

宏光元年二月初八日上

遺疏

奏為私怨殺人死不瞑目事伏念朝廷三尺之法非可借以報仇恩臣子千秋之名豈容任人行愛憎罪臣陷賊南歸事同罪異良以備員掖垣曾參逆案馮銓故阮大成恨之救黔祁官紳兵民故馬士英恨之糾李明睿并議文捺不宜撤故劉孔昭恨之劾田仰貪邪故仰恨之不應張孫振闖說故孫振恨之又以先年争馬埠山一二世祖墳故吳國琦恨之此皆昭昭在人耳目者罪臣赴繫之時指望心跡漸白故含忍而不敢言今事既至此義不容默大成逢人詈罵

謂參馮銓便是參伊緣衆阻其出攻擊太甚故恩赦
既須起此羅織今
因殺參銓者以媚銓不服一也士英屢向人曰
我原無心祭光某因有一人以硃筆添入其名原稿
具在不識所謂一人何指曾有政府祭人大逆可聽
宰臭指授者乎不過以怒祁黟鄉兵者遷怒耳不服
二也李明睿獨勸先帝親征洩密倡言搖亂衆志燕
京因之不守今　舉為得人耶
至文武二操原屬祖制江北公疏謂不宜偏用武臣
豈罪臣一人私議因茲銜怨誣人重辟不服三也田

仰漏逆營陞貪酷無兩因先為申芝芳所糾罪臣繼之迺恃係樞部姻戚嚴綸未下遂屢使人要諸路欲得甘心後奉旨行提未奉旨發審遂授意官廳妄鞫且不經該道轉詳不須罪臣對簿徑入看語擬以極刑不服四也張孫振為輔臣吴甡所糾以贓私繫獄籍屬同鄉轉託關説臣厲色拒之又吴甡出師薦臣監軍彼愈疑忌今為馬阮鷹犬審語字字關鎖私仇重辟例寬而獨加刑辱不服五也若吴國琦狼貪兇狡令蘭溪而民激變為潭理而士切齒計典降處議遍長安今以十年前經縣審定之祖墳故借題雪恨

垂危下穽不服六也其他疏議各殊俱係徇私附會
遂使萬弩交射法司欲持平而不得持平可憐衆口
鑠金皇上欲解網而無從解網寃慘動天控告無地
惟有以賞罰誒諸聖明公論俟諸後世爲厲鬼殺此
羣賊耳謹疏

第一揭甲申冬

為懇察遷守之原議辨廢興之大關以昭國是以垂信史事自燕都淪陷慘變非常歸者争順逆之名言者凛春秋之議獨於時亨尤加阻駕一事捧讀明綸驚怖欲死其何敢辨而又不敢不辨者以事關一身生死者小關史載疑信者大也除陷賊原委已詳前疏不復再贅外本年二月二十日内閣集同撫部院詹翰諸臣密議軍國大計内有請東宫出招義旅者有請二王出監南都者爾時倶語秘不傳惟宫允李明睿在内則密請親征在外則倡言南幸先帝於二

十二日面諭内閣折衷群議獨於明睿之言則動色曰豈是勸朕親征便是勸朕出走國君死社稷朕可走乎震怒殊甚外廷咸知而兵民惑於初聞猶驚亂靡定至二十八日時勢不得已疏糾及之止求頒諭嚴城守距會議時已九日矣二十九蒙先帝名對但以獨糾明睿偏私爲問時勢備述其故在固根本安人心總從國家起見先帝大言曰人心宜安定自是不必説的蓋正借此名以鎮外疑也此外奏對兵馬錢糧漕屯練餉及城守各項不啻數千言天顔甚霽而同日後先入對者則有李襄城劉新樂鞏駙馬内

閣親見奏疏今尚存者則有蔣相國與二十日之會
議聞二十二之天語者則有項詹事即北歸大小諸
臣無不知之聞之從来戰守并用即使先帝決計親
征亦未有可棄北都不守者乃明睿議後絕不聞治
戎馬備芻糧為出幸計忍聽羣情驚逃置城守於不
議耶先帝神明英武萬幾獨斷睿裁一定誰復敢撓
况此國家何等大事輔弼日前席而籌盈廷日愈謀
而議既不以明睿一人之言而行又豈以時亨一人
之言而止乎此係密議密奏一併留中即在北猶多
疑揣南中相隔数千里又當邸報奏絕之時北都奏

議焚毀之後傳聞易誤職此之繇今欲追禍始必覈
情實伏乞執法列臺當道鉅公廣稽博訪細察當日
畫策之異同與時亨奏對之本末備悉入告傳信國
史庶先帝身殉陵廟之大烈曉然於千秋萬禩時亨
即膏斧鑕以畢初志有餘幸矣謹揭
崇禎十七年十二月二十五日

疑窃之误

第二揭

為獨苦之衷難鳴畸重之罪宜酌懇彰公道以廣皇仁以垂信史事痛惟燕京慘變敷天同仇時亨心窮伏闕既愧空言力竭登陴徒揮血淚責以不死誠欠死律以當誅誠應誅也顧均之臣子罪有獨重而難受暫求緩死以明心蓋自帝后賓天又兼東宮二王絕問時亨於墜陴投繯求死不得之後委身御河以拒偽命衆所共睹原其心寧甘一刻與賊俱生哉不幸為行道王明等救甦肢體折傷賊禁嚴密閱歷萬苦始得乘間行遁在逆闖僭位之前值中興賜赦之

際以視唐之達奚珣崔宣等事賊数年執於兩京收
復之後者大相差别祗因僞刻失實公論沸騰種々
血忱屢詳疏辨即王明回南亦有呈到部今如謂因
賊敗始回彼隨賊而西者不少若
以知從逆不從逆之辨惟視来歸
不来歸者身居異域尚藉口立　陳之功豈来歸者
不忘君親反神依於安史之窟奉法不奉法之辨又
惟視就繫不就繫不就繫者託為張儉悠々鴻冥而
尚緩追提豈就繫者罪盡三苗慘々呼天而難寬旦
夕察案中叅提近百人科員有八今惟時亨獨擬重

典即不敢冀時敏之戴罪錄用復侍清班亦何至若
輩焆之隨賊攻城居然戎首罪同罰異情屬可矜至
去春二月二十八日因人心動搖疏争城守距李明
睿內閣會議已隔旬日事經召對共有聽聞先帝誓
死不出計定於前公卿議守僉同數陳在列原由明
睿違衆而言遷非關時亨違衆而言守剏明睿在內
猶密請親征在外遂倡言南幸昔唐皇幸蜀計定俄
頃王公嬪御猶不及從豈有遷國之秘謀可張皇以
告衆既令遷不成還又使守不成守因之金錢緩發
士馬饑疲堞卒星稀戰旅雲散每見郡邑尚堅持數

年寧有都城難支賊三曰豈非兵民感於兩可之説
遂令中外頓成瓦解之形我太祖高皇帝拒趙鍾山
之議乃定鼎金陵英宗睿皇帝不行徐珵之言亦再
清冀北從來國家退一步則失一步封疆守一日則
存一日是以先帝千秋大烈當會議後早已震怒於
明睿之言謂非勸朕親征便是勸朕出走國君死社
稷朕可走乎二祖列宗實聞此語惟是成敗難料廢
興非人先帝既已正其終今上又已正其始此三百
年絶續之關頭而億萬載尚論之大案也今日燕京
正議恢復豈當曰燕京預可棄捐明睿

尚邀寬論於三年時亨言守今朝歸反難乞生於晷
刻情在六等之外事關載筆之公非廣參詳曷垂信
史恭遇聖明在御體元好生綸音屢沛伏乞當路仁
人君子念死者不可復生重案必祈允當推廣禹泣
以信王言高大於門而定國是則皇仁普於如天而
纍臣不獨含冤入地矣

宏光　年　月　日

示諸子三說

非身貧賤罔知衣食之艱難非遭患難罔知人情之厚薄陰隲非以望報或暗中得報而不知機穽欲以陷人或先以自陷而不覺天地有一定数命鬼神有一大算盤語夢醒後豈知醒之皆夢也刻々想到饑寒困苦山窮水盡之時則志不期奮而自奮念不期平而自平福不惜而自惜矣

詩有比興賦豈惟三百近體亦然離騷以續經晉魏以續騷騷者三百之變體晉魏者騷之變體五七言律者又晉魏之變體也唐人古風猶仿晉魏之遺而格

調寶異大率古人立言皆以寓意或關理亂或寄性情非漫然者若止為山水花鳥套詞如八寸三分頭巾隨人可戴豈國風之微意乎

文以意勝須詞不掩理肉不掩骨大約筆能轉則層折層折則深秀偶句太多故詞重而勢直豐於肌膚減於神骨矣譬如山之奇者必若斷若連委曲幽邃忽於峯迴徑轉陡起插天之勢遂令觀者音換神聳若止平衍緜亘有如嬾龍骨節全不轉變無足賞也

誠一說

讀書有捷法只要每一部書要識原得頭每一章書要識得主腦了徹数字則無所不了一即誠也誠存於己則為忠推諸人則為恕忠則本身故曰為仁繇己恕則備物故曰求仁莫近然則誠與忠恕與仁皆從最初一念極真懇極直捷言之再不容一轉念論語所謂一貫中庸所謂不弍孟子所謂夜氣幾希皆是此物落不得牽制須要斬釘削鐵故曰義落不得參差須要分寸不爽故曰禮落不得溷淆須要波澄徹故曰智落不得遷徙須要如日月四時故曰信

在天為命在人為信在世為道發之則為情卷之則為才內聖外王率不外此知行生安困勉率不離此入手結局始終於學學必依古人不可全依古人故紫陽釋學曰効曰覺最為親切